Frida & Co

erarbeitet von
Bettina Ferratusco, Simone Hell,
Dirk Menzel, Amaya Santos Contreras,
Carola Schäffner

illustriert von
Jörg Hartmann, Heike Herold
Martina Theisen, Walter Uihlein

Oldenbourg

Inhaltsverzeichnis

Ich und die anderen

Körper und Gesundheit

Zeit vergeht

Zusammenleben hier und anderswo

Wetter

Natur erleben

Wasser und Luft

Bücher und andere Medien

Diese orangefarbene Markierung bedeutet, dass es sich um eine Zusatzaufgabe handelt.

Ich und die anderen

Das bin ich

ICH BIN MOMO.
ICH BIN 7.
MEIN FREUND
IST PETER.
ICH MAG HUNDE.

A B C D E F G H I J K L M

Ich heiße LILO.

Ich bin 6 Jahre alt.

Meine Freundin heißt: JULIA

Mein Lieblingstier:

N O P Q R S T U V W X Y Z

Wir lernen uns kennen

ICH MAG KEINEN
ICH MAG...
ICH MAG NICHT...

Gefühle

schüchtern

fröhlich

zornig

ängstlich

mutig

stolz

Du warst sicher schon manchmal wütend, traurig, fröhlich, lustig oder ängstlich. Andere verstehen dich besser, wenn sie wissen, wie du dich fühlst. Dazu kannst du ein Gefühlsbarometer basteln.

stark

schwach

enttäuscht

traurig

glücklich

wütend

lustig

Fröhlich sein

fröhlich

froh

glücklich

sich freuen

Text: Klaus W. Hoffmann/Musik: Rudolf Mika

Wenn du froh bist
und kannst sogar glücklich sein,
… ist alles goldgelb
wie heller Sonnenschein.

Alle Gefühle sind Empfindungen,
die du wahrnehmen und mit deinem Körper,
mit Worten, Musik und Farben
ausdrücken kannst.

lustig

vergnügt

gut gelaunt

heiter

Ja und Nein

Es gibt Situationen,
in denen man nicht weiß,
wie man sich verhalten soll.
Was würdest du tun?

Das will ich!
Gerne!
Ja!
Das mag ich!

Lass dich knuddeln!
Du Feigling!
Darf ich bei euch mitmachen?

Wir regeln unser Klassenleben

Was macht ihr immer wieder in eurer Klasse?

Geburtstag

Begrüßung

Abschlusskreis

Klassendienste

Freie Arbeit

Morgenarbeit

Welche Regeln brauchen wir in der Klasse?

Verschiedene Schulen

heute

heute

vor 150 Jahren

in Asien

in Afrika

die Odenwaldschule

Wie sieht eure Schule aus? Male.

Sammelt Bilder von anderen Schulen und vergleicht sie.

Der Künstler Friedensreich Hundertwasser störte sich daran, dass die meisten Häuser wie Schachteln aussehen.
Er wollte die Häuser freundlicher und natürlicher gestalten, damit die Menschen sich in ihnen wohlfühlen.

Diese Schule hat er neu gestaltet.

Pflanzen und Farben hatten für ihn dabei eine besondere Bedeutung.

Hier siehst du das Modell.

So sieht heute die Hundertwasserschule in Wittenberg aus.

Informiere dich über den Künstler.

Modell und Grundriss

Wie sieht eure Wunsch-Schule aus?
Baut ein Modell.

Skizze

Ansicht von vorne

Ansicht von hinten

Modell

Ansicht von oben (Aufsicht)

Grundriss

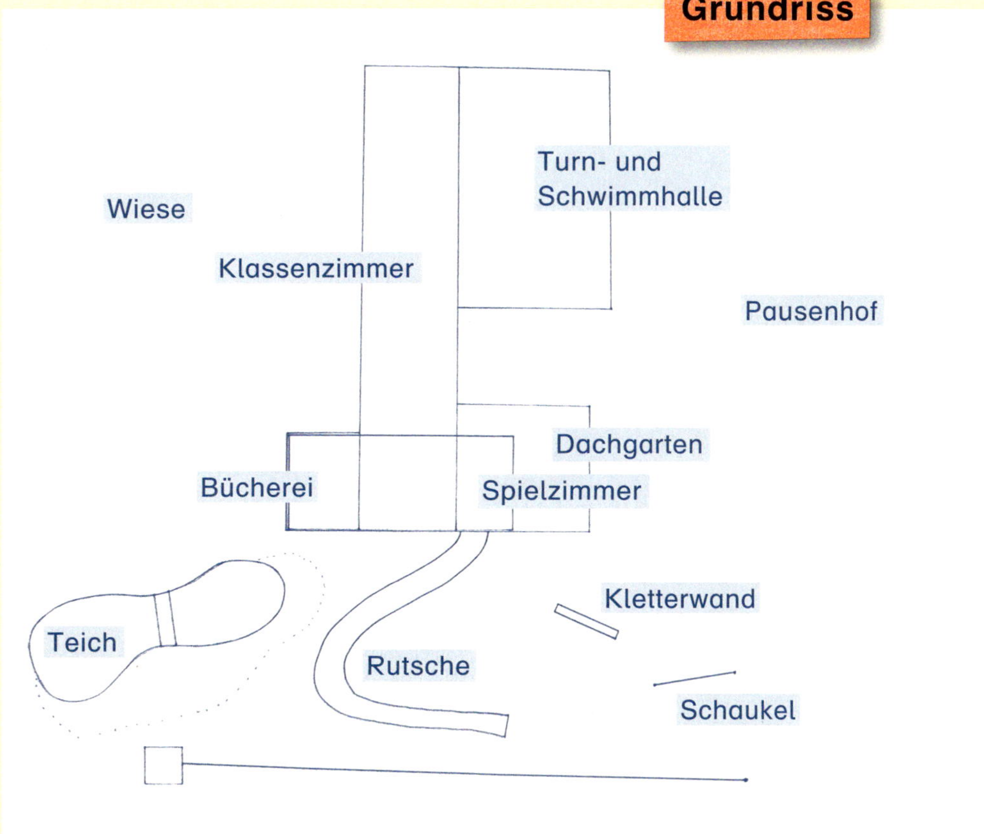

Schulwege

Ich bin Jule.
Ich gehe in die 1. Klasse.
So sieht mein Schulweg aus.

Gehe mit einer Spielfigur Jules Schulweg nach und beschreibe ihn.

links | rechts | geradeaus | abbiegen | überqueren

Das sieht Jule noch auf ihrem Schulweg.

Rathaus

Dorfbrunnen

Hauptstraße

Male und beschreibe deinen Schulweg.
Was siehst du unterwegs?
An welchen Gebäuden oder besonderen Stellen kommst du vorbei?

Wie kommen die Kinder in eurer Klasse zur Schule?
Die Klasse 1 hat dazu eine Umfrage gemacht.

	Laufen	Rad fahren	Auto	Bus
Klasse 1a	卌 III	卌	II	卌 I
Klasse 1b	卌 卌 II	IIII	III	

Zu Fuß zur Schule laufen ist gesund und macht Spaß.
An manchen Schulen gibt es einen Laufbus.
Die Kinder laufen gemeinsam mit Erwachsenen zur Schule.
Der Laufbus wurde in England erfunden.
Er heißt dort Walkingbus.

Sicher zu Fuß zur Schule

So gehst du sicher über die Straße:

hören,
ob ein Auto kommt

links
schauen

rechts
schauen

links
schauen

geradeaus
gehen

Wo kannst du sicher die Straße überqueren?

Sichtbar bei Dunkelheit

Dunkle das Bild mit beiden Händen ab.
Welche Farben kannst du trotzdem noch gut erkennen?

Geht bei Nebel oder im Dunkeln auf den Pausenhof oder den Sportplatz. Stellt Kinder mit heller und dunkler Kleidung und Kinder mit Reflektoren in unterschiedlicher Entfernung auf. Was stellt ihr fest? Macht Fotos.

Warum müssen Autofahrer euch rechtzeitig sehen können?

Die Kratztechnik ist eine Technik, mit der ihr gut ausprobieren könnt, welche Farben man im Dunkeln gut sieht.

Im Verkehr unterwegs

Auf jedem Ereignisfeld musst du etwas erklären.
Für jede richtige Erklärung gibt es einen Punkt.
Gewonnen hat, wer am Ende die meisten Punkte hat.

Was musst du beim Überqueren der Straße beachten? Erkläre.

Achtung! Was ist hier gefährlich?

Was bedeutet dieses Verkehrsschild?

Das verkehrssichere Fahrrad

Sattel

Speichenreflektor

Lenker

Kette

Reifen

Handbremse

Scheinwerfer

Rücklicht

Klingel

Findest du 4 Unterschiede?

Kannst du die Teile am Fahrrad zuordnen?

Mit dem Fahrrad unterwegs

Hier musst du aufpassen.

In welchen Situationen musst du noch besonders achtsam sein?

Stellt Regeln zum sicheren Fahrradfahren auf.

Hier findest du Hilfe:

- einen Helm aufsetzen
- auf dem Gehweg fahren
- an der Ausfahrt aufpassen
- absteigen beim Überqueren der Straße
- geradeaus schauen
- hintereinander fahren

Welche Verkehrszeichen kennst du noch?

Was mein Körper alles kann

Körperteile

Kannst du alle anderen Körperteile benennen?
HAND
KOPF
HALS
FUß
BAUCH
BEIN
ARM
BRUST
KNIE
SCHULTER

Ich pflege meinen Körper

Text: Lore Kleikamp / Musik: Anke und Detlev Jöcker
Menschenkinder: Münster 1991

Und womit pflegst du dich?

Probiere aus.

Zähne

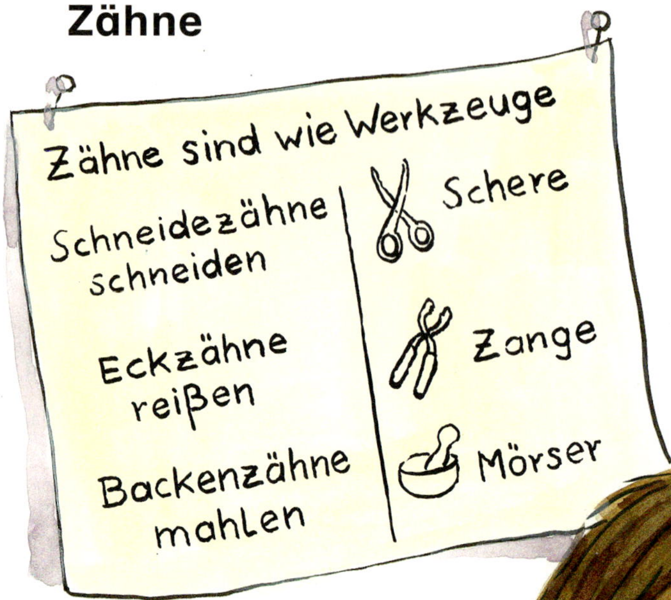
Zähne sind wie Werkzeuge
Schneidezähne schneiden
Schere
Eckzähne reißen
Zange
Backenzähne mahlen
Mörser

Wie viele Zähne hast du?
Schau genau nach.
ZAHNPASTA
So putzt du deine Zähne richtig:

Unsere Sinne

Kannst du den Gegenstand

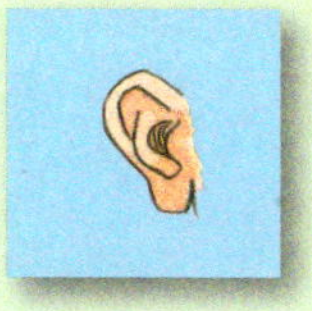
hören

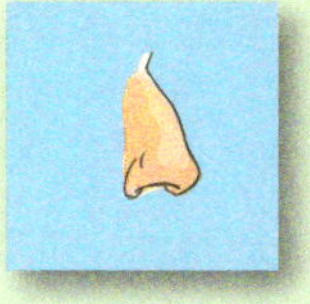
riechen

sehen

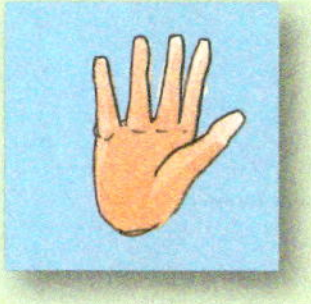
tasten

schmecken?

Sehen

hell

nah

unscharf

fern

Farben

dunkel

Formen

scharf

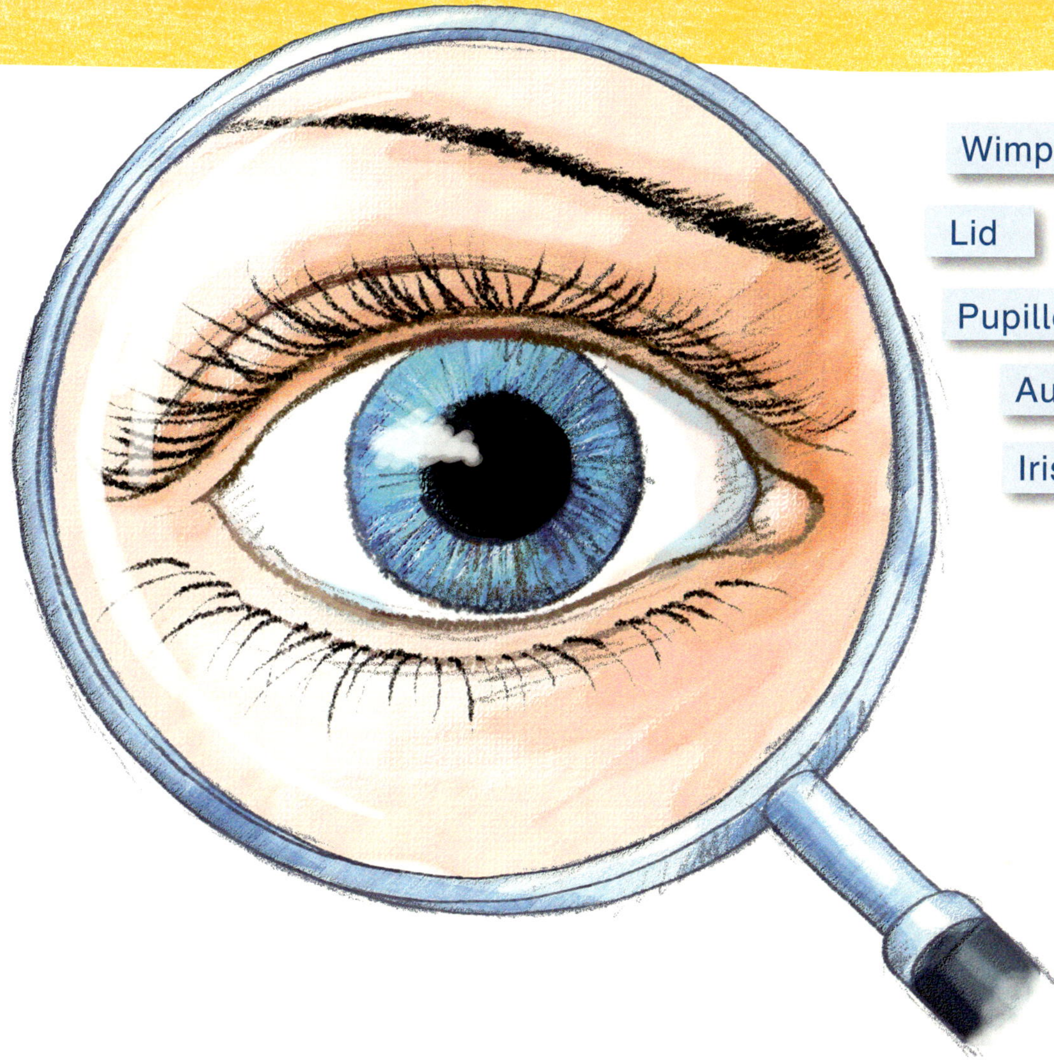

Wimpern

Lid

Pupille

Augenbraue

Iris

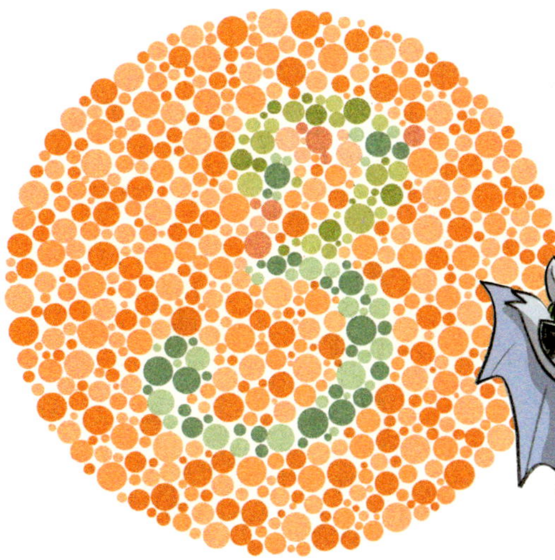

Warum kann es gefährlich sein, wenn man Rot und Grün nicht unterscheiden kann?

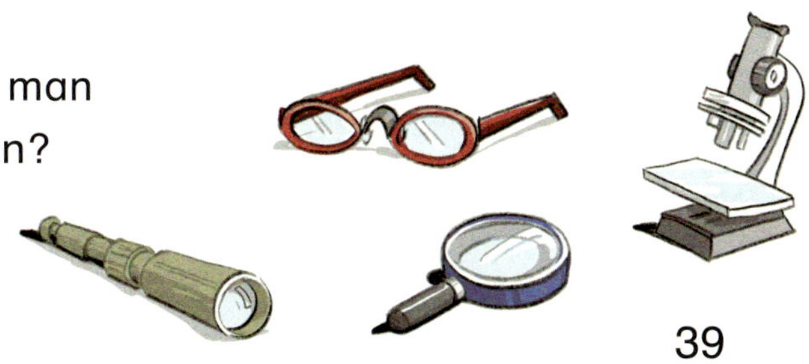

Hören

kurz tief fern lang

hoch nah laut leise

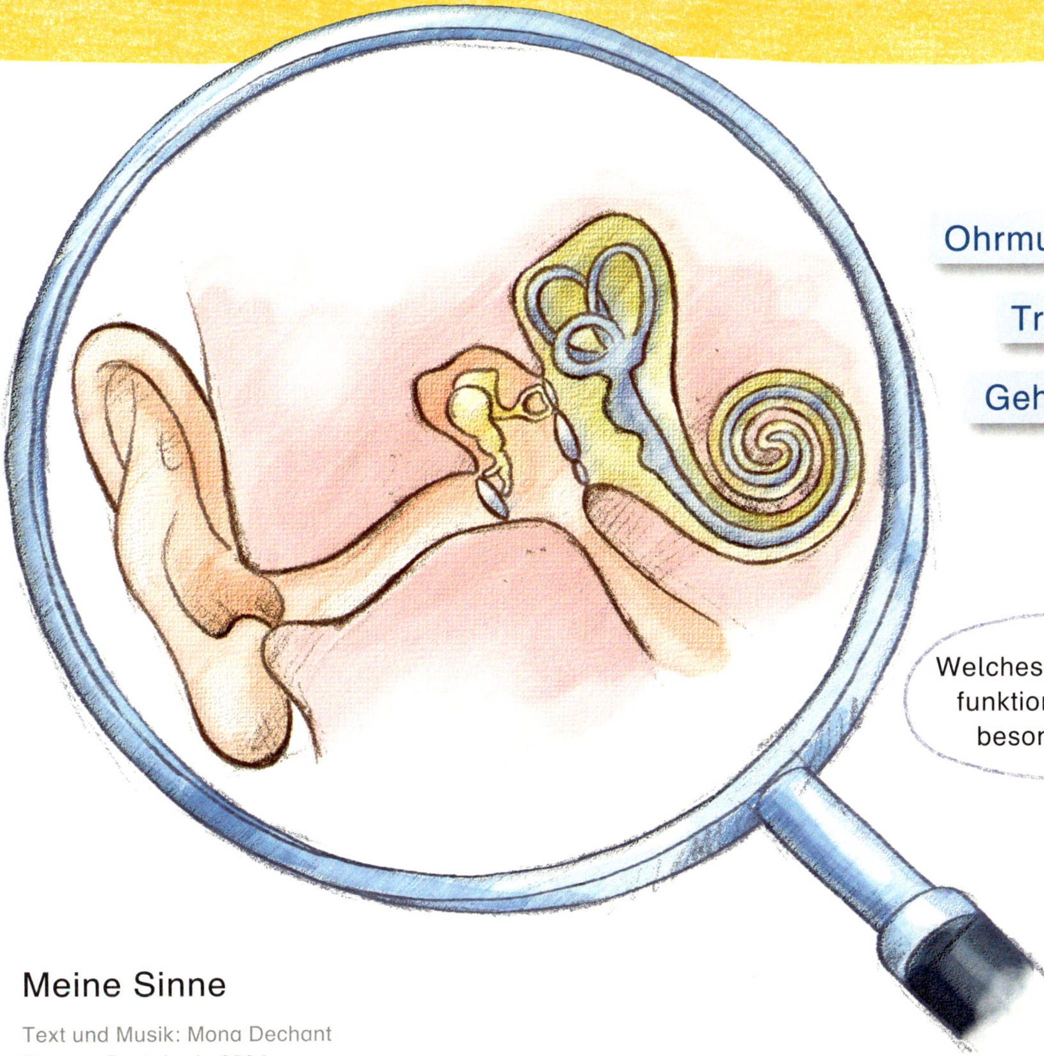

Ohrmuschel

Trommelfell

Gehörgang

Meine Sinne

Text und Musik: Mona Dechant
Persen: Buxtehude 2004

Schließe deine Augen. Was hörst du?

Tasten und Fühlen

Mit Gesicht, Händen und Füßen fühlen

kalt warm hart rau spitz

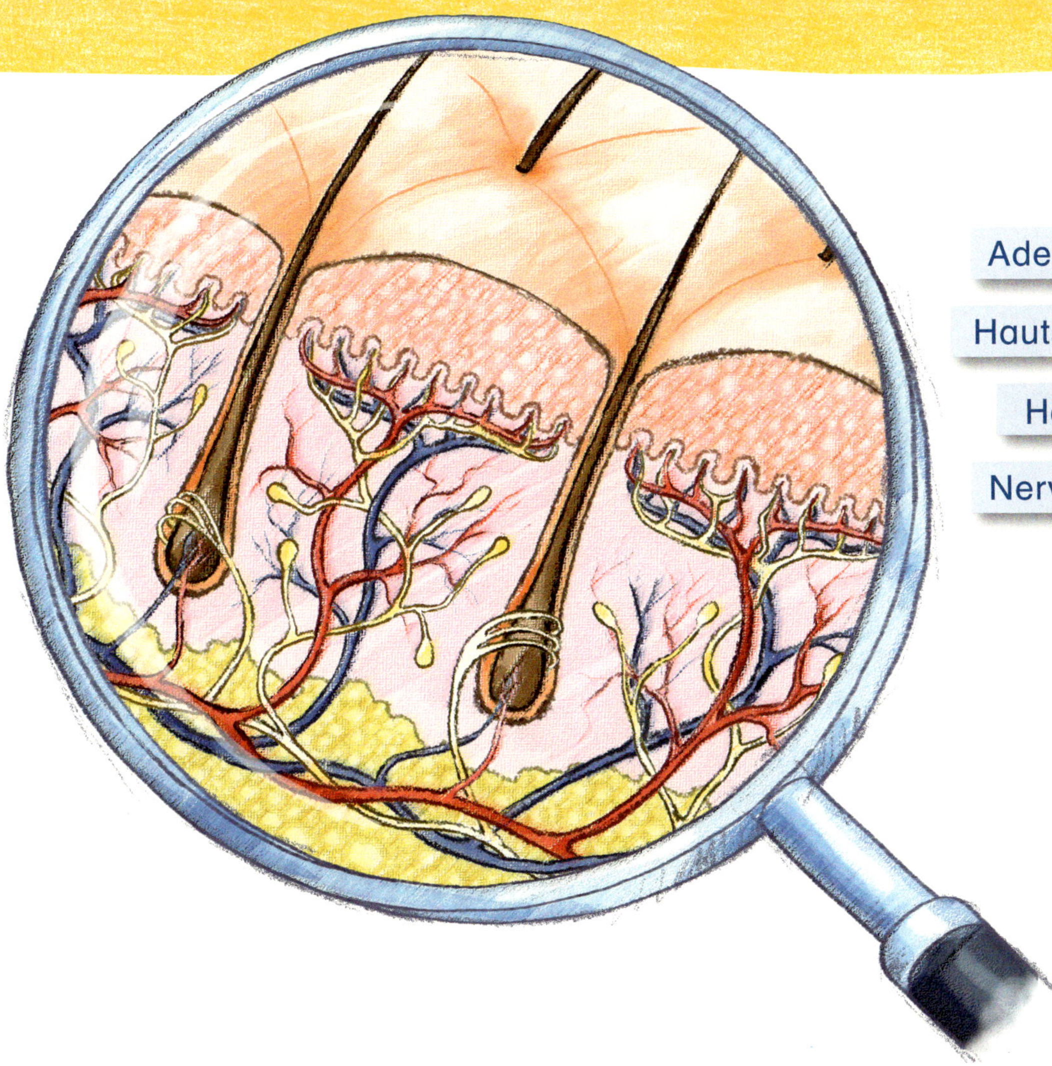

Adern

Hautschichten

Haare

Nerven

Wie viele Bleistifte fühlst du?

Fühlst du mit allen Körperstellen gleich?

Riechen

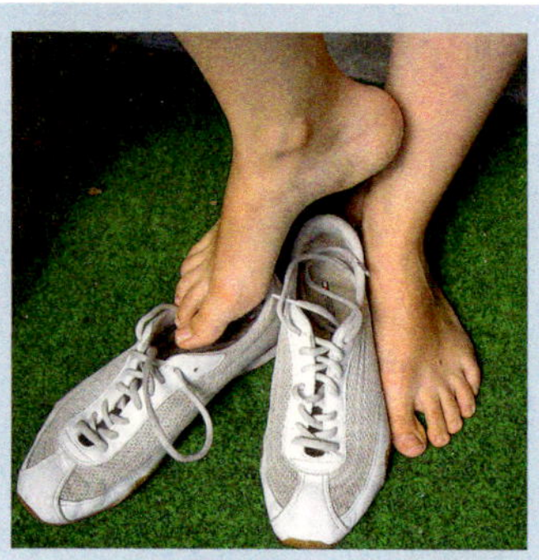

? ? ? ? ? ?

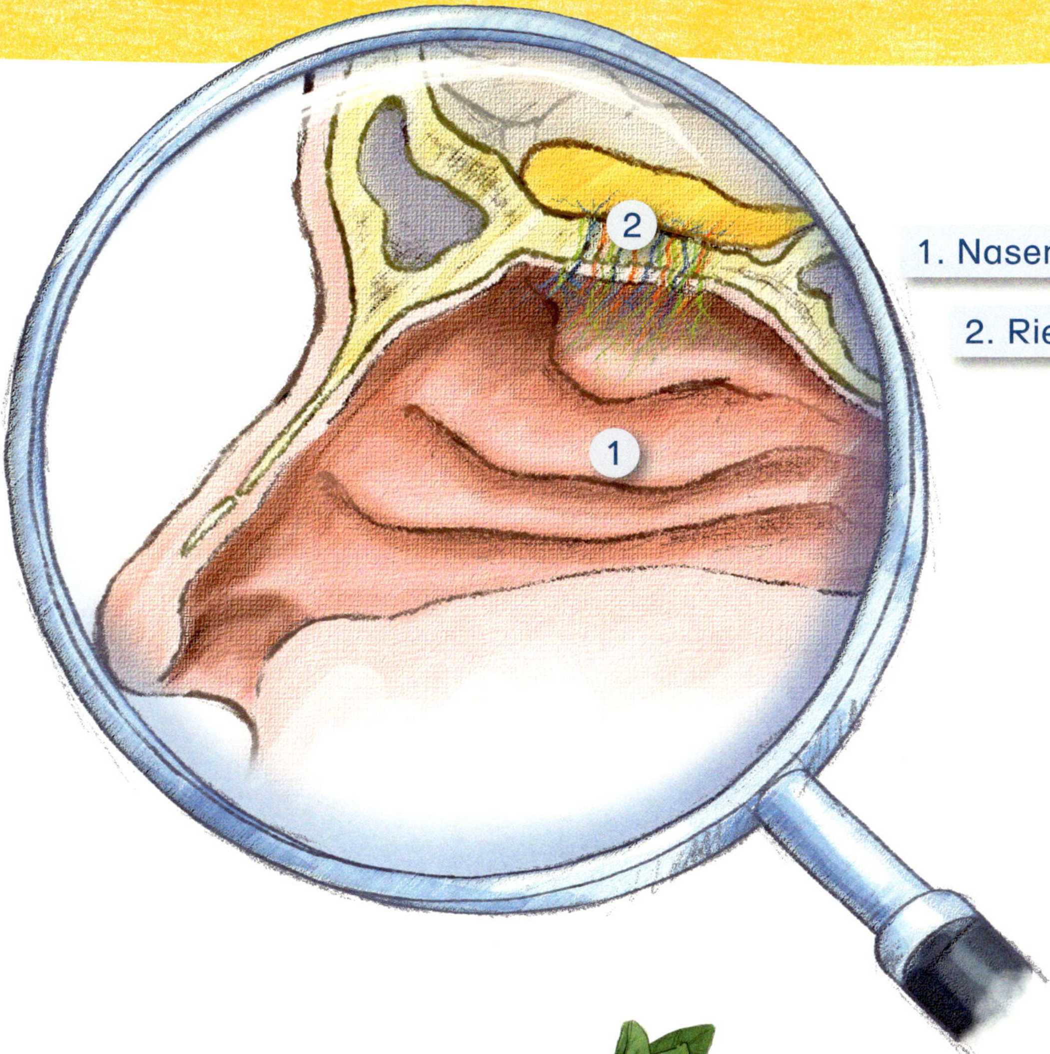

1. Nasenmuscheln

2. Riechzentrum

1 Schäle und schneide in gleich große Würfelchen.

2 Verbinde dir die Augen. Dann hältst du dir die Nase zu.

3 Ein anderes Kind legt dir jeweils einen Würfel in den Mund. Schmeckst du, was es ist?

Schmecken

Wie? / Was?	süß	sauer	bitter	salzig
Zitrone				

süß

sauer

bitter

salzig

Wie schmeckt es dir? Begründe.

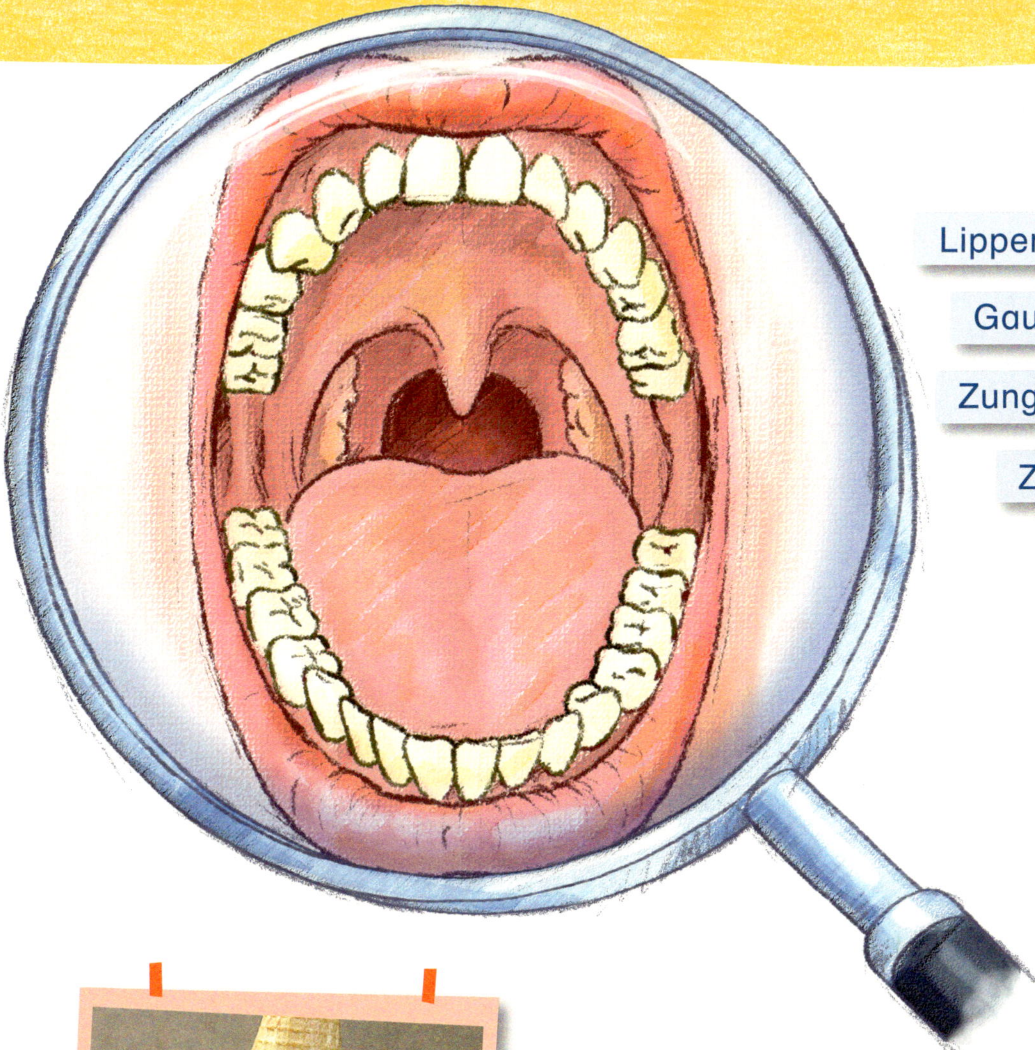

Lippen

Gaumen

Zunge

Zähne

Das ist bitter!

Oh, wie süß!

Ich bin sauer!

Auf dem Markt

PAPRIKA
TOMATEN

Rund um Obst und Gemüse

Gesunde Kunst

Radieschenmäuse

Möhrenschnecke

Paprikaspinne

Gemüseschiff

Obstigel

Gurkenmonster

Tomatenmann

Essen und Trinken

Kannst du die Lebensmittel ordnen?

„Abends esse ich zusammen mit der ganzen Familie.“
„Ich hab' morgens noch keinen Hunger.“
„Mittags esse ich immer mit meiner Mutter und meinem kleinen Bruder.“
„Ich esse am liebsten Süßes.“
„Ich frühstücke erst in der großen Pause.“
„Ich frühstücke gerne Spiegeleier mit Bohnen.“

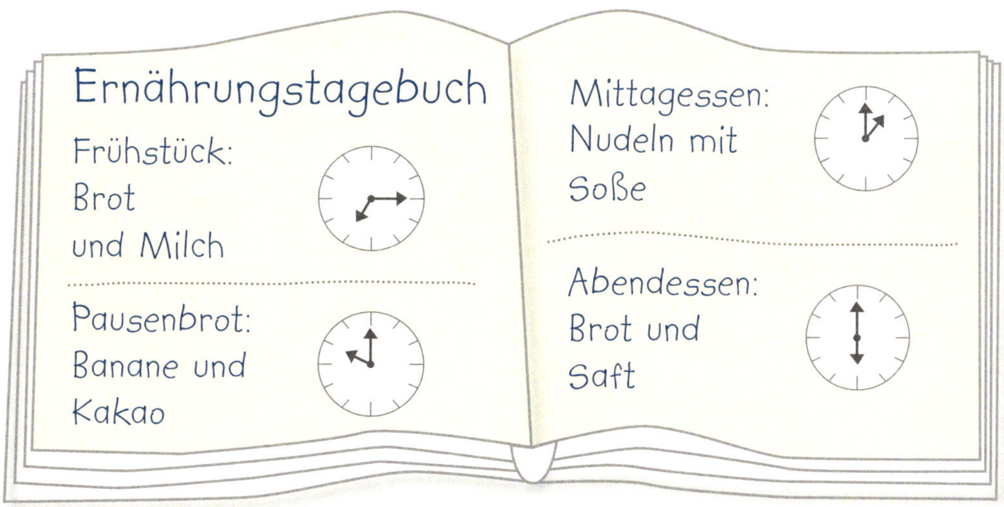
Ernährungstagebuch
Frühstück:
Brot
und Milch
Pausenbrot:
Banane und
Kakao
Mittagessen:
Nudeln mit
Soße
Abendessen:
Brot und
Saft

Die Kartoffel

Kartoffelpuffer

1. schälen

2. reiben

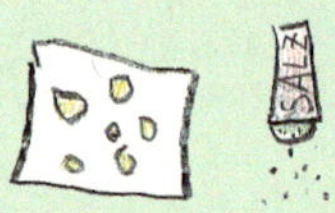

3. abtropfen

4. Zwiebel schneiden

5. alles verrühren

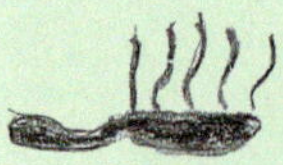

6. Fett erhitzen

7. braten

8. Fett abtropfen lassen

Wassertest

Eine Kartoffel fühlt sich fest an. Dennoch besteht sie aus viel Wasser. So machst du das Wasser sichtbar:

Wenn das Wasser verdunstet ist, bleibt Stärke übrig.

Der Stärke-Nachweis

Die Stärke in der Kartoffel kann man auch mit Jod sichtbar machen.

Bringt Lebensmittel mit und prüft, ob sie Stärke enthalten.

Weißt du, woher die Kartoffel stammt? Informiere dich.

Was ist Zeit?

1 Jahr hat
12 Monate.

1 Monat hat
etwa 4 Wochen.

Lege eine Hand auf dein Herz
und fühle deinen Herzschlag.
Ein Herzschlag ist ungefähr
eine Sekunde lang.
Zähle deine Herzschläge mit.

Versuche, eine Minute lang
auf einem Bein zu balancieren.
Was kannst du noch
in einer Minute tun?

Mein Zeittagebuch
Sonntag, 22.07.07
Ich war heute drei Stunden
in der Fasanerie. Dort habe
ich mir Waschbären angeguckt.
Ich fand sie sehr süß.

1 Woche hat 7 Tage.

1 Woche

1 Tag hat 24 Stunden.

1 Tag

1 Stunde hat 60 Minuten.

1 Stunde

1 Minute hat 60 Sekunden.

1 Minute

1 Sekunde

Welche Zeitangabe ist nicht genau?
Kannst du erklären, warum das so ist?

David: „Ich habe einen Zeitsee gemalt. Durch die Türen kann man in die Vergangenheit und in die Zukunft gehen.“

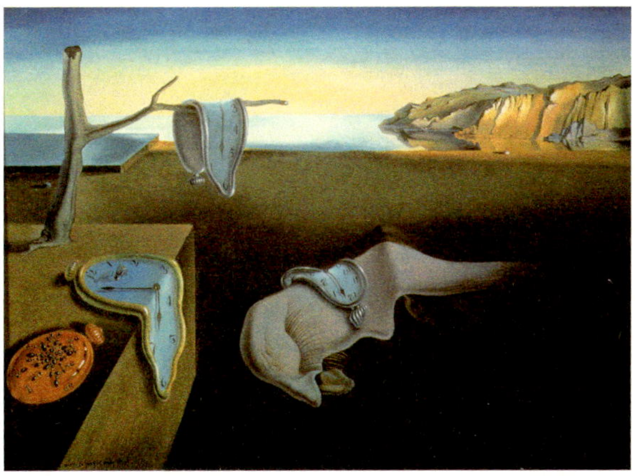

Salvador Dalí:
„Die zerrinnende Zeit“

Wie würdest du Zeit malen?

Herbst

Winter

Frühling

Sommer

Die Jahreskette

Januar

Winteranfang

Dezember

November

Wann geht der Sommer los?
Warum ist die 29. Perle beim Februar nicht auf die Kette aufgefädelt?

Das Wort „Monat“ hat etwas mit „Mond“ zu tun. Hast du eine Idee, warum das so ist?

Oktober

August

Herbstanfang

September

Teilt euch in der Klasse nach Monaten auf und musiziert die Monatsnamen mit Körperinstrumenten.
Begleitet euch mit Orff-Instrumenten.
Welche passen?

■ Versucht, euch nach Jahreszeiten aufzuteilen.

♪ auf rechtes Knie patschen
♪ rechts stampfen
♪ klatschen
♪ auf linkes Knie patschen
♪ links stampfen
♪ auf beide Knie patschen

Feiertage im Kalender

Tim sucht den Wochentag, an dem er Geburtstag hat.

An welchem Wochentag hast du in diesem Jahr Geburtstag?

Wie viele Tage Osterferien hast du?

Fallen dir eigene Aufgaben zum Kalender ein?

Schau im Kalender nach, wann die Feste sind.

Informiere dich über die Feste in anderen Kulturen.

Tag und Nacht

Die Erde dreht sich in 24 Stunden einmal um sich selbst. Auf der Seite, die von der Sonne beschienen wird, ist es Tag, auf der Seite, die von der Sonne abgewandt ist, ist es Nacht.

Wie Tag und Nacht entstehen, könnt ihr zu zweit ausprobieren: Markiert auf einem Globus einen Punkt mit Knete. Ein Kind nimmt den Globus und dreht ihn langsam um die eigene Achse. Das andere Kind leuchtet mit einer Taschenlampe auf den Globus.

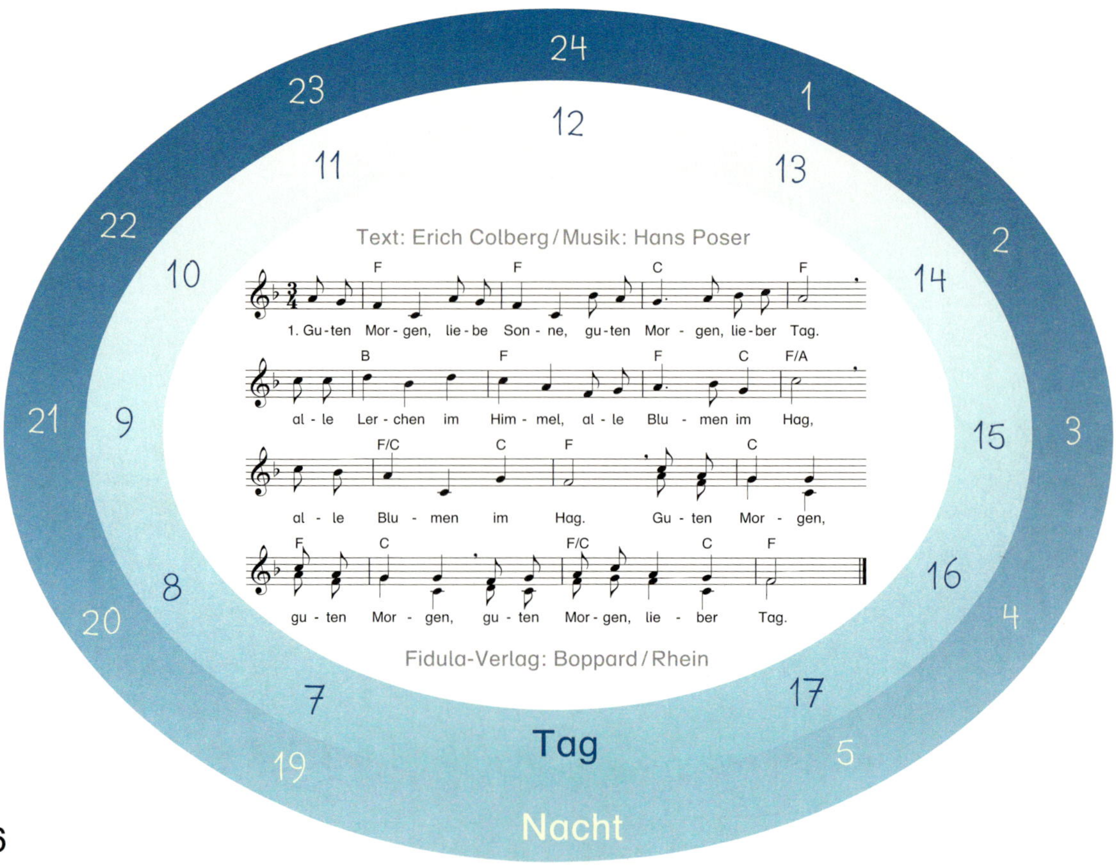

Wenn es bei uns 9 Uhr morgens ist,
ist es in der Mongolei 4 Uhr nachmittags.

Wie sieht dein Tagesablauf aus?
Was tun Kinder in anderen Ländern?
Informiere dich.

Schattenspiele

Licht und Schatten

Als die Menschen noch
keine Uhren hatten,
konnten sie die Uhrzeit mithilfe
des Schattens feststellen.
Eine der ältesten Uhren ist
die Sonnenuhr.

Baut mit der Klasse eine Sonnenuhr.

Ihr braucht:
- einen Blumentopf,
- Sand oder Kies,
- einen Stab

Was müsst ihr beim Aufstellen der Sonnenuhr beachten?
Markiert jede Stunde den Schatten eurer Sonnenuhr.

Eure Sonnenuhr zeigt im März eine andere Zeit als im Juli.
Weißt du, weshalb?

Wie machst du aus zwei gleich großen Männchen einen Riesen und einen Zwerg?

Aus diesem Material könnt ihr einen Fisch als Stabfigur für ein Schattenspiel basteln.

Bewegt eure Fische zur Musik, z. B. zum „Aquarium“ aus dem „Karneval der Tiere“ von Camille Saint-Saëns. Dort kommen auch noch andere Tiere vor. Stellt sie als Stabfiguren her und führt ein Schattenspiel auf.

Zeit messen

Die Menschen haben sich unterschiedliche Geräte ausgedacht, um die Zeit zu messen.

Turmuhr

Chinesische Feueruhr

Auf dem Drachen liegt ein Räucherstäbchen, das angezündet wird. Darüber hängen Fäden, an denen Metallkugeln befestigt sind. Wenn das Räucherstäbchen abbrennt, brennen die Fäden durch. Die Metallkugeln fallen hörbar herunter.

Wasseruhr

Sanduhr

Kerzenuhr

- Wie funktioniert eine Wasseruhr? Zeichne oder schreibe es auf.

Auch diese Uhren gibt es noch:
Standuhr, Pendeluhr, Kuckucksuhr, Wecker, Digitaluhr, Atomuhr, ...

Gestaltet mit Uhren und Bildern eine Ausstellung.

gestern

jetzt

heute

morgen

früher

später

Zeit einteilen

Montag

Mittwoch

Freitag

Dienstag

Donnerstag

Sonntag

Samstag

Wie teilst du dir deine Zeit ein?

Warum ist es wichtig, sich die Zeit einzuteilen?

Zeit mit meiner Familie

Menschen in aller Welt ... singen

England
Hello!

Deutschland
Hallo!

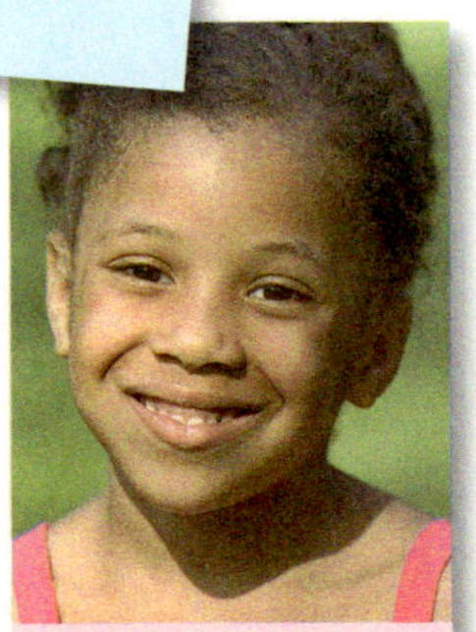
Frankreich
Bonjour!

China
Ni hao!

Überliefert

Frère Jacques, frère Jacques!
Dormez vous, dormez vous?
l: Sonnez les matines :l
Ding ding dong, ding ding dong.

Are you sleeping, are you sleeping,
brother John, brother John.
l: Morning bells are ringing :l
Ding, ding, dong, ding, ding, dong.

liang zhi lao hu, liang zhi lao hu,
pao de kuai, pao de kuai,
yi zhi mei you er duo, yi zhi mei you wei ba
l: hen qi guai :l

... tanzen

Dieses Lied aus Neuseeland erzählt
von einer großen Flut.

EPO I TAI TAI E

Epo i tai tai e e
epo i tai tai e e
Epo i tai tai epo i tuki tuki
epo i tuki tuki e.

Diesen Rhythmus könnt ihr dazu klatschen:

... spielen Instrumente

Hört euch Musik aus anderen Ländern an.
Welche Musik klingt ungewohnt?
Welche Musik gefällt euch?

Kpanlogo-Trommel
Ghana

Oud
Türkei

Tin Whistle
Irland

Didgeridoo
Australien

Was ich schon erlebt habe

Geburt *

Paul

Bei meiner Geburt habe ich 3500 g gewogen und war 54 cm groß.

Selin

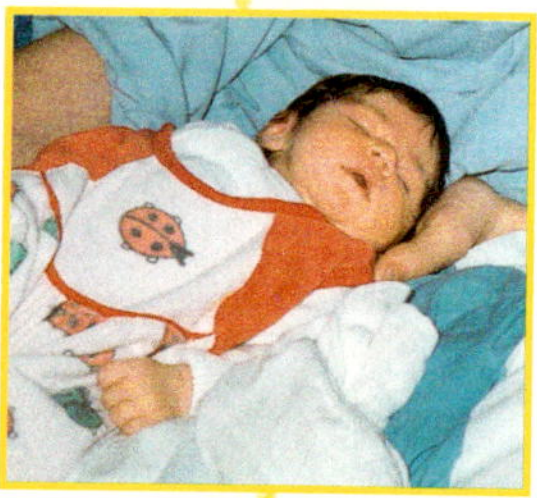

Emil

So groß war meine Hand bei meiner Geburt.

1 Jahr

Meine ersten Schuhe

Meinen Lieblingsteddy habe ich zum 1. Geburtstag bekommen.

2 Jahre

Ich bin mit 2 Jahren aus der Türkei nach Deutschland gezogen.

3 Jahre

Mit 3 Jahren bin ich in den Kindergarten gekommen.

Selin, 3 Jahre

Urlaub in Spanien

Erstelle für dich eine Zeitleiste.
Vergleiche mit Kindern aus deiner Klasse.

4 Jahre

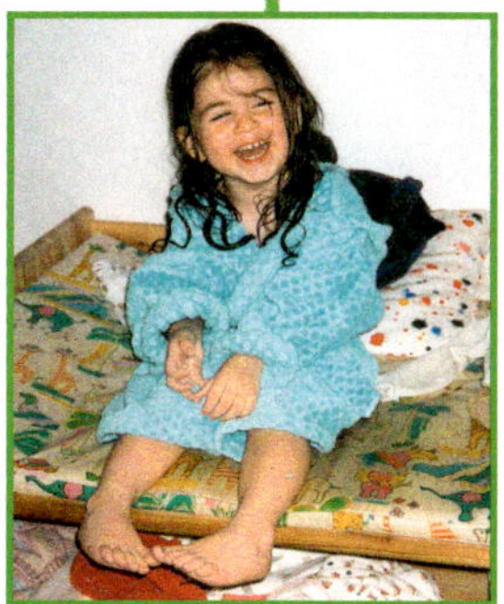

Meine Schwester wird geboren.

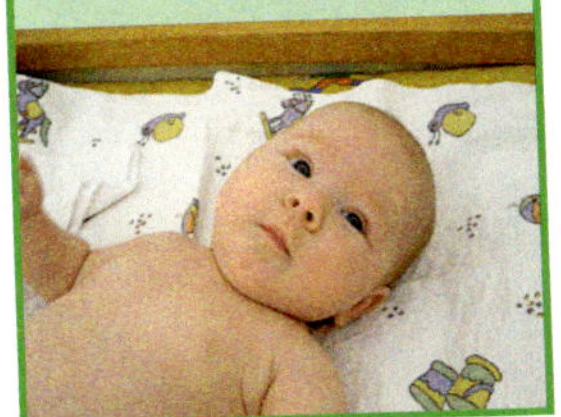

Als ich 4 Jahre alt war, haben wir Fips bekommen.

5 Jahre

Mit 5 Jahren bin ich das erste Mal ohne Stützräder Fahrrad gefahren.

Zu Besuch bei Oma und Opa in der Türkei.

6 Jahre

Meine erste Zahnlücke

7 Jahre

Mit unserer Klasse haben wir einen Ausflug gemacht.

Manche Ereignisse haben einen festen Zeitpunkt, andere nicht. Kannst du Beispiele nennen?

Spielzeug

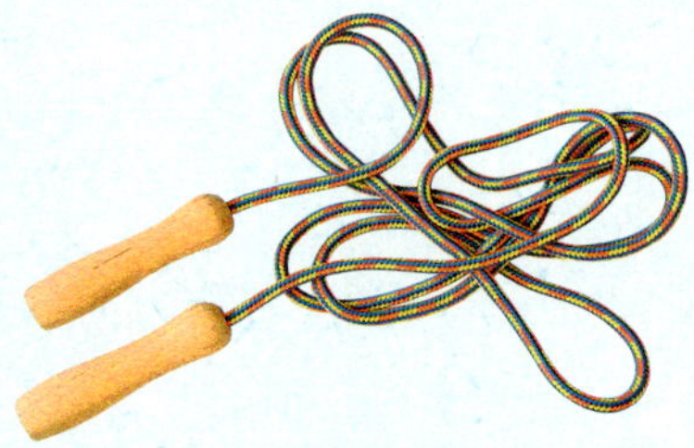

Heute

Was sind eure Lieblingsspielzeuge?
Überlegt und erzählt, warum ihr mit eurem Lieblingsspielzeug besonders gern spielt.

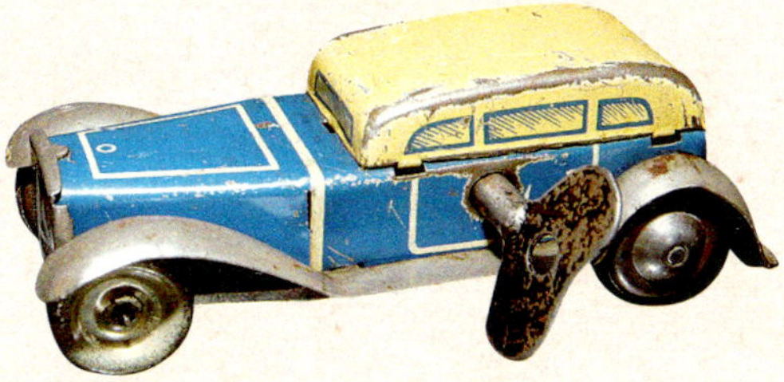

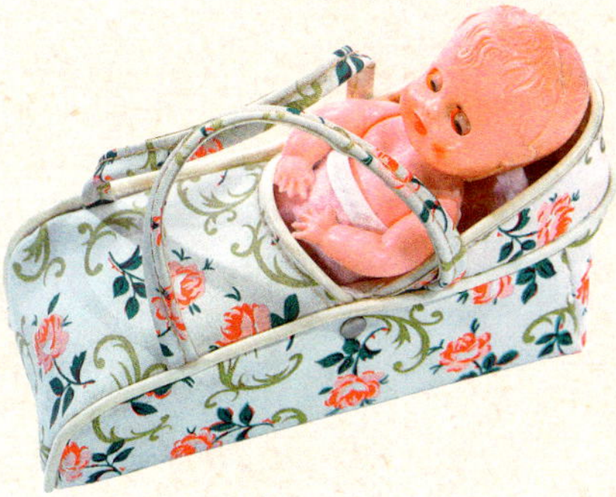

Früher

Fragt eure Eltern und Großeltern nach ihren Lieblingsspielzeugen.
Gestaltet Plakate mit Spielzeug von früher und heute.

Spiele, Spiele, Spiele

Welche Spiele kennt ihr?

- Findet ihr heraus, welche Spiele auch in anderen Ländern gespielt werden?

SPIELEFEST
KUCHEN

Rund ums Geld

Was brauchst du? Was wünschst du dir?

So ein Wetter!

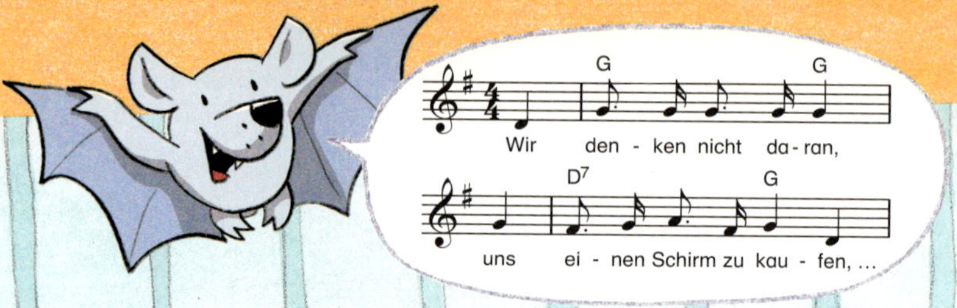

Morgen scheint
im Süden die Sonne.
Im Norden regnet es.

Beobachtet das Wetter und stellt die Wetteruhr ein.
Hatte die Wettervorhersage recht?

Was hast du bei welchem Wetter gemacht?

Montag		Ich habe gebadet.
Dienstag		Ich bin Rad gefahren.
Mittwoch		

Das Wetter spielt verrückt

Stelle Wettergeräusche mit Körper- und Orffinstrumenten dar.

trommeln heulen klopfen stampfen

Die richtige Kleidung

Damit wir gesund bleiben,
muss die Kleidung zum Wetter passen.

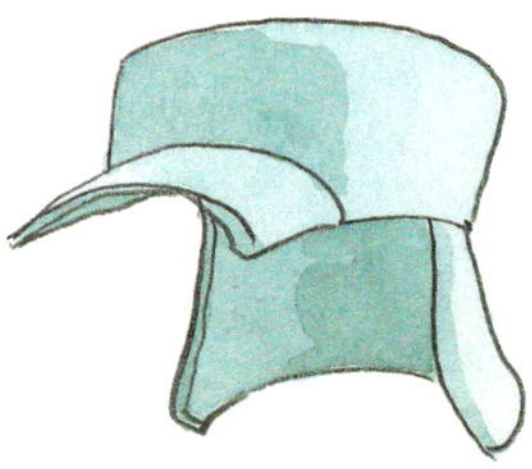

Kleidung besteht aus unterschiedlichen Materialien.
Welche eignen sich besonders gut für Regenkleidung?
Probiere aus.

Wärme und Kälte verändern Stoffe

Vermute, versuche und beobachte, was passiert.

Stelle einen Becher Wasser und
einen Becher Salat-Öl in das Gefrierfach.

Fülle Eiswürfel in ein Glas.

Ziehe einen Luftballon über
die Öffnung einer kalten Flasche.
Stelle die Flasche in die Sonne.

verfestigen

ausdehnen

verformen

schmelzen

Stelle eine dünne Kerze auf
die Fensterbank in die Sonne.

Wir messen Temperaturen

Kannst du die Temperatur mit der Hand messen?

Tauche die linke Hand in eiskaltes Wasser und die rechte Hand in sehr warmes Wasser.

Tauche jetzt beide Hände gleichzeitig in lauwarmes Wasser.

Was spürst du?

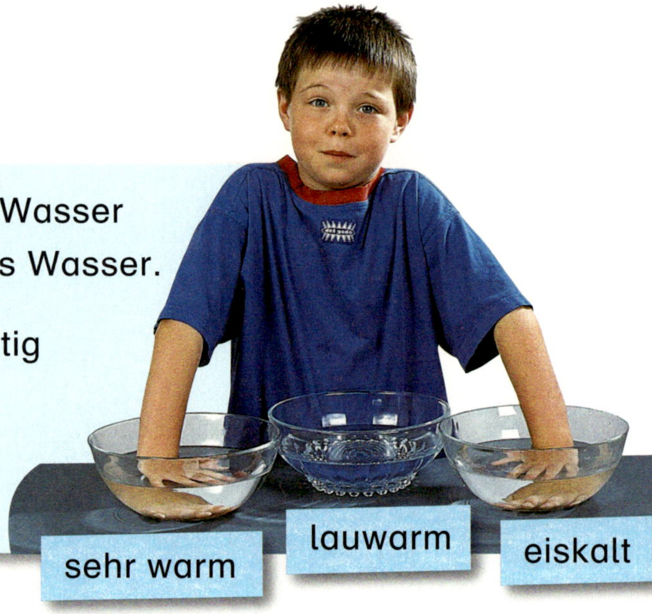

Mit dem Thermometer messen

Halte ein Thermometer in das eiskalte und eines in das sehr warme Wasser.

Halte nun beide Thermometer in das lauwarme Wasser.

Beobachte die Flüssigkeit in den Thermometern.

Mit dem Thermometer messen wir die Temperatur.
Die Temperatur gibt an, wie warm oder kalt es ist.

Wir bauen ein Thermometer

So kannst du selbst ein Thermometer herstellen:

Du brauchst:

- eine Flasche
- einen durchsichtigen Strohhalm
- Knete
- Wasserfarben

1 Fülle als erstes so viel Wasser in die Flasche, dass der Trinkhalm ein Stückchen ins Wasser eintaucht.

2 Gib etwas Wasserfarbe hinzu. Verschließe nun die Flasche fest mit Knete.

3 Jetzt kannst du dein Flaschenthermometer ausprobieren.

Miss die Temperatur an warmen und kalten Orten.

Miss täglich am Morgen und am Mittag die Temperatur im Klassenzimmer. Schreibe die Messergebnisse auf.

Das Thermometer

Bringt verschiedene Thermometer mit.
Wie sehen sie aus? Wozu gebraucht man sie?
Vergleicht.

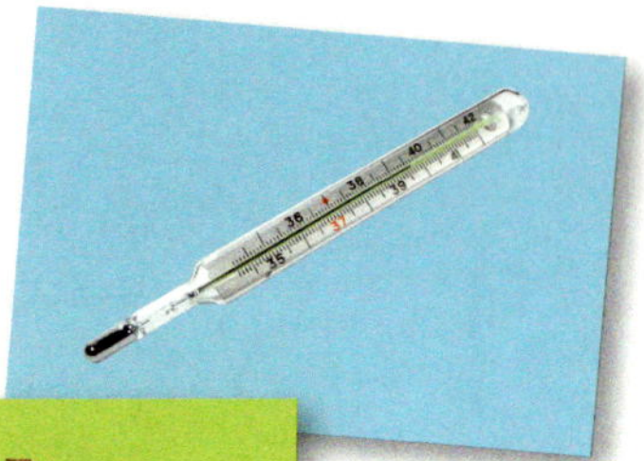

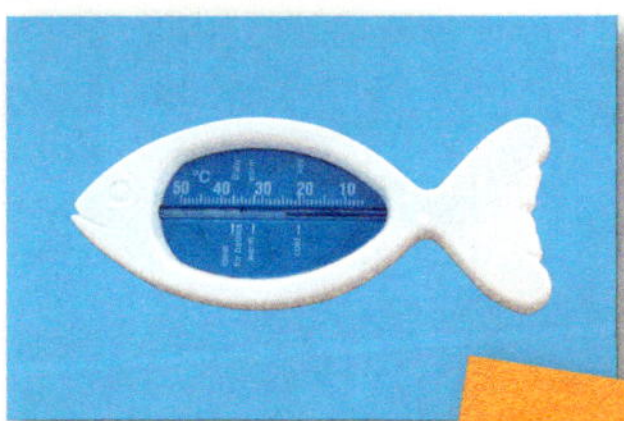

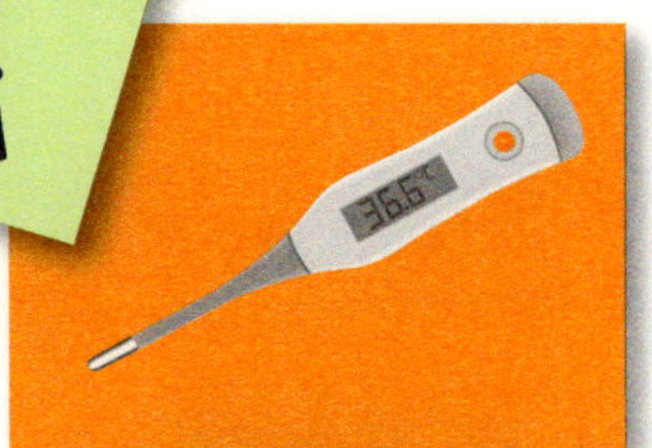

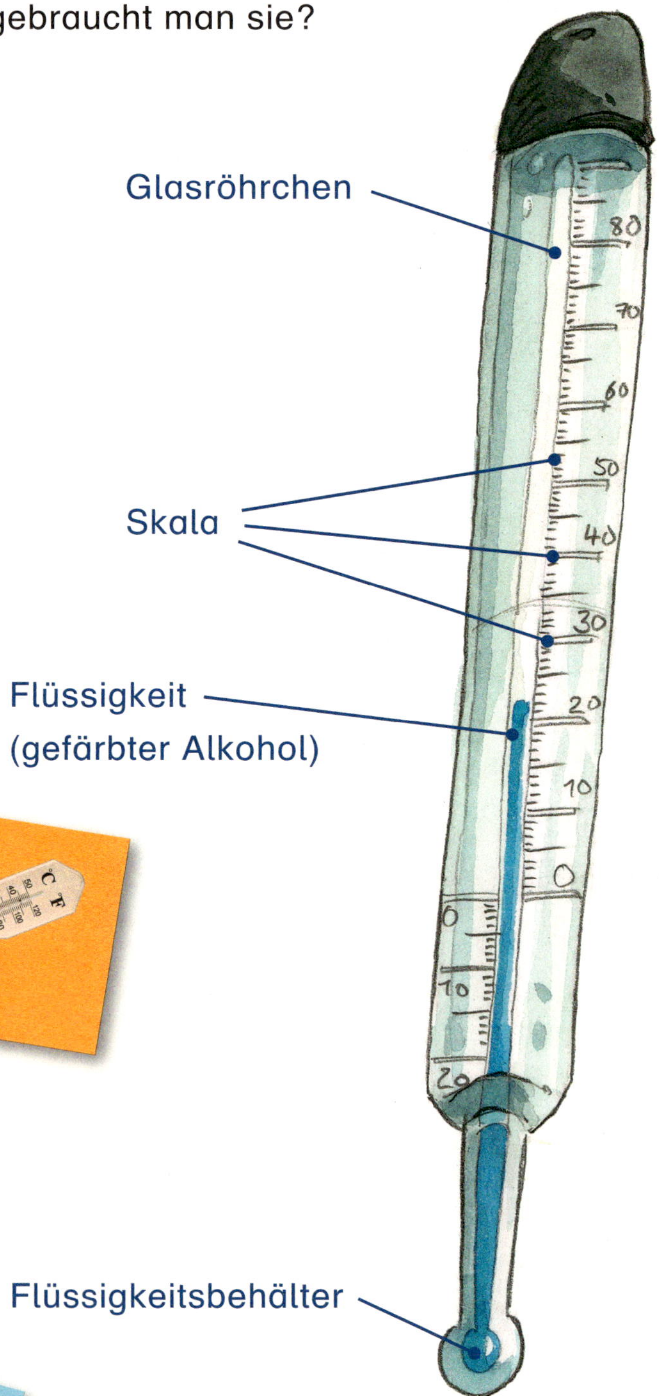

Wisst ihr, was das C auf dem Thermometer bedeutet?
Das C auf dem Thermometer erinnert an
den Wissenschaftler Anders Celsius.
Er lebte vor ungefähr 250 Jahren in Schweden.

Um die Temperatur vom Thermometer ablesen
zu können, hat er sich eine Skala ausgedacht.

Er stellte das Thermometer in Wasser.
Das Wasser kühlte er ab, bis es gefror.
Die Flüssigkeit im Thermometer sank nach unten.
Als das Wasser zu gefrieren begann,
machte Celsius einen Strich für den Gefrierpunkt.

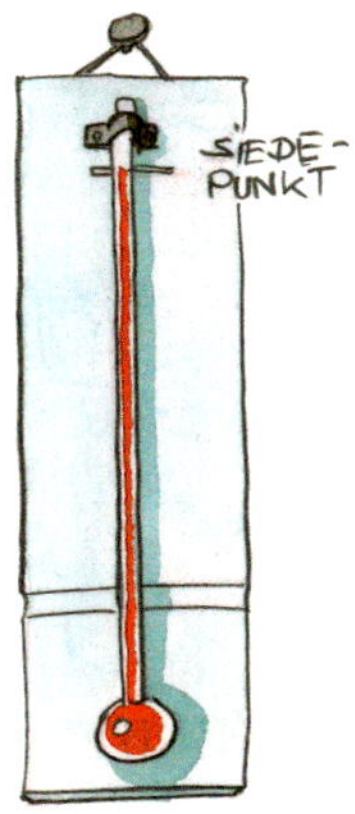

Dann erhitzte er das Wasser, bis es kochte.
Die Flüssigkeit im Thermometer stieg nach oben.
Als das Wasser zu sieden begann,
machte Celsius einen Strich für den Siedepunkt.

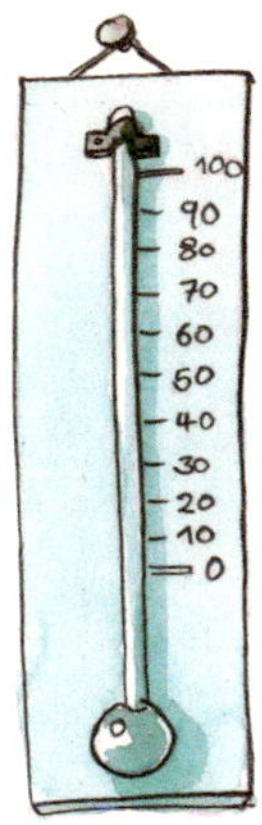

Den Abstand zwischen Gefrierpunkt und
Siedepunkt teilte er in 100 gleiche Teile (Grade) auf.
Damit hatte Celsius eine Maßeinheit für
Temperaturen festgelegt.

Zur Erinnerung an ihn nennt man die Skala
heute auch Celsius-Skala.

Komm mit auf die Wiese!

Zirp! Zirp! Zirp! Zirp!

Das ist weich und zart.

Die Wiese im Jahreslauf

Blatt Samen Stängel
Wurzel Blüte

Eier Puppe Schmetterling Raupe

Beschreibe die Wiese in den Jahreszeiten.

Du kannst den Aufbau der Wiese mit Stockwerken eines Hauses vergleichen.

Kannst du beschreiben, welche Tiere welchen Teil der Wiese benutzen?

Bei Nacht auf der Wiese

Igel fressen Regenwürmer.
Fledermäuse fangen aus
dem Flug heraus Insekten
und Spinnen von der Wiese.

Schleiereulen fangen auf der Wiese Mäuse.

Maulwürfe graben unter der Wiese ihre Gänge und Höhlen.

Wie verhalten sich Pflanzen in der Nacht?

Wovon ernähren sich Nachtfalter?

Wiese erleben

Mit Gras und Blumen kannst du flechten.
Mit Grashalmen kannst du Musik machen.

Was ist auf der Wiese los?

Text: Edith Thabet / Musik: Franz Moser
Veritas: Linz 2001

1

2 Sonnengelber Löwenzahn
lockt Schmetterling und Biene an.
Der Regenwurm tanzt um ein Veilchen,
die Grille zirpt dazu ein Weilchen.

Refrain:
Was ist bloß …

Pflanzenpresse

Blumen und Gräser kannst du pressen.

gepresste Gänseblümchen

Gänseblümchen

Löwenzahn

gepresster Löwenzahn

Pflanze	Fundort	Funddatum
Gänseblümchen	Wiese	10.05.

Wir erkunden die Hecke

Pflanzen der Hecke bestimmen

ein Plakat erstellen

die Hecke zeichnen

essbare Beeren sammeln

mit der Lupe untersuchen

ein Modell der Hecke bauen

Verschiedene Hecken

Welche Hecken begegnen dir in deiner Umgebung?
Welchem Zweck dienen sie?

Hainbuchenhecke im Sommer

Hainbuchenhecke im Herbst

Thujahecke

Gartenhecken und Hecken zur Abgrenzung von Grundstücken bestehen oft aus nur einer Strauch- oder Baumart.
Sie bieten einen Sicht- und Lärmschutz.
Im Sommer spenden sie Schatten und im Winter schützen sie vor Wind.
Hecken werden manchmal kunstvoll zurechtgeschnitten.

Färbung der Blätter

Warum bekommen die grünen Blätter der Bäume und Sträucher im Herbst andere Farben?

Du brauchst:
grüne Blätter, 1 Messer, 1 Brettchen, Mörser und Stößel, Vogelsand, Spiritus, 1 Teelöffel, weißes Filterpapier

Vermute und versuche:

Schneide die Blätter in kleine Stücke.

Gib sie in den Mörser. Zerstoße die Blätter zu Brei.

Füge nach kurzer Zeit etwas Sand dazu, damit das Zerreiben leichter geht.

Tropfe etwas Spiritus auf den Brei.

Trage mit dem Löffel eine kleine Menge Brei in die Mitte des Filterpapiers auf.

Welches Ergebnis erhältst du?
Was schließt du daraus?

Die Hecke im Herbst

Wofür braucht der Baum diese kleinen Flügel?

Text und Musik: Hans-Reinhard Franzke
Fidula-Verlag: Boppard / Rhein

Aus Holunderbeeren kann man z.B. Saft herstellen.
Roh darf man sie aber nicht essen.
Warum?

Willi züchtet einen Feldahorn

Hier bestäubt eine Biene die Blüte des Feldahorns.
Blüte

Nach der Bestäubung entwickeln sich aus den Fruchtknoten der Blüten die Früchte. Darin befinden sich die Samen.
Frucht-knoten
Flügelfrüchte
Samen

Nach ein paar Wochen

Jetzt ist mein Baum schon so groß geworden. Bald werde ich ihm draußen einen Platz suchen. Ich bin ganz stolz auf meinen Baum.
Nach ein paar Monaten

Die Kohlmeise und die Blaumeise

Daran erkennst du eine Kohlmeise:

Kohlmeisen ernähren sich vorwiegend von Insekten, Spinnen und Schnecken. Im Herbst und Winter fressen sie aber auch die Samen und Früchte von Bäumen und Sträuchern.

Kohlmeisen bauen ihre Nester in Baumhöhlen. Zum Nestbau verwenden sie hauptsächlich Moos. Sie polstern ihre Nester mit Tierhaaren.

Eine Verwandte der Kohlmeise ist die Blaumeise. Zeichne eine Blaumeise. Beschreibe ihr Aussehen in Stichworten wie bei der Kohlmeise.

Kohlmeise und Blaumeise im Vergleich:

So groß ist eine Blaumeise:

11 Zentimeter

So groß ist eine Kohlmeise:

14 Zentimeter

Eine Blaumeise wiegt so viel wie eine Scheibe Knäckebrot.

	Länge	Gewicht
Kohlmeise	14 Zentimeter	20 Gramm
Blaumeise	11 Zentimeter	10 Gramm

Beschreibe, was die Blaumeise Besonderes kann und warum.

Unsere Haustier-Mindmap

Heimtiere

- Vögel
  - 
    Wellensittich
  - 
    Zebrafink
  - 
    Kanarienvogel
- Hunde
  - Der Hund stammt vom Wolf ab.
  - Säugetier
  - Fleischfresser
  - 
    Bernhardiner
  - 
    Schäferhund
  - 
    Dackel
- 
  Mäuse
- 
  Chinchillas
- Schildkröten
  - Manche Arten können über 100 Jahre alt werden.
  - Schildkröten legen Eier.
  - Schildkröten sind Reptilien.
  - 
    Sumpfschildkröte
  - 
    Wasserschildkröte
  - 
    Landschildkröte
- Fische
  - Süßwasserfische
    - 
      Neonfische
  - Meerwasserfische
    - 
      Weißkehl-Doktorfisch
    - Die Fische werden oft aus dem Meer gefangen und ihrem natürlichen Lebensraum entrissen.

Was weißt du schon über Haustiere?
Was möchtest du noch wissen?

Der Hund war und ist auch ein Nutztier für den Menschen.

Lawinenhund

Hütehund

Blindenhund

Polizeihund

Jagdhund

aus Bodenhaltung

aus Freilandhaltung

aus Käfighaltung

Eier

haben eine Hackordnung.

Hühner

Die Federn werden für Kissenfüllungen verwendet.

sind Vögel.

dienen dem Menschen als Nahrung.

Rinder

Haustiere

Nutztiere

leben in Herden.

Chinchillapelze werden auch zur Herstellung von Mänteln verwendet.

liefern sehr nahrhafte Milch.

Schafe

haben ein dichtes Fell.

Lammfelle

Wolle

Aus Wolle wird Kleidung hergestellt.

Karpfen

Speisefische aus der Fischaufzucht

Forelle

Bienen

liefern Honig.

sind Insekten.

leben in Staaten.

liefern Wachs.

Erstelle eine Mindmap zu einem Haustier.

Hallo,
ich heiße Alessandra und
bin 7 Jahre alt.
Bei mir leben 8 Mäuse.
Wie eine Woche mit
Mäusen aussehen kann will
ich dir mit meinem Heimtier-
tagebuch vorstellen.

Mein Heimtier-Tagebuch

Montag

Kann ich eine Maus alleine halten?

Heute habe ich bemerkt, dass es meinen Mäusen genauso geht wie mir. Sie sind nicht gerne alleine. Sie lieben es, sich aneinander zu kuscheln. Normalerweise leben sie in einer Großfamilie, einer Sippe, zusammen.

Dienstag

Was können Mäuse?

Gerade habe ich entdeckt, dass meine Mäuse ganz tolle Tunnels und Höhlen graben und prima klettern können.

Mittwoch

Wie oft und wie viele Babys können Mäuse bekommen?

Eine Maus kam mir so dick vor und ich dachte schon, sie würde Junge bekommen. Das kann aber nicht sein. Ich halte nur Weibchen, weil Mäuse bereits ganz jung und bis zu 12-mal im Jahr Nachwuchs haben können. Pro Wurf werden 6 bis 8 Junge geboren.

Donnerstag **Wann und womit muss ich meine Mäuse füttern?**

Wie immer habe ich heute meine Mäuse um sechs Uhr abends gefüttert und ihnen frisches Wasser gegeben.
Am Tag kommen Mäuse nur kurz aus ihren Höhlen hervor.
Mäuse sind überwiegend nachtaktiv. Mäuse sind zwar Allesfresser, brauchen aber vor allen Dingen viel Getreide, Gemüse, Nüsse und frisches Obst.

Freitag **Wie alt wird eine Maus?**

Heute bin ich sehr traurig, denn meine weiße Maus ist gestorben. Sie war fast zwei Jahre alt.
Für eine Maus war meine Maus schon ziemlich alt.

Samstag **Wie oft muss ich den Käfig reinigen?**

Puh, heute war es Zeit, die Einstreu im Mäusekäfig zu wechseln. Mindestens einmal pro Woche mache ich den Käfig sauber, sonst riecht er zu stark. Mäuse selbst sind sehr reinliche Tiere und putzen ihr Fell oft.

Sonntag **Eignen sich Mäuse als Heimtiere?**

Heute am Sonntag hatte ich viel Zeit, um mich mit meinen Mäusen zu beschäftigen.
Meine Mäuse sind für mich richtige Freunde geworden. Mäuse sind sehr friedliche Tiere und werden schnell zahm.

Unser Fische-Lernplakat

Süßwasserfische als Aquarienfische

Das brauche ich, wenn ich Süßwasserfische halten will:

Um die Süßwasserfische artgerecht zu halten,
muss ich wissen:

Es gibt Warmwasserfische und Kaltwasserfische.
Sie leben als

Einzelgänger, z. B. der Feuerschwanz.

Paarfische, z. B. Black Mollies.

Schwarmfische, z. B. Trauermantelsalmler.

Mein Chinchilla-Steckbrief

Name: Chinchilla
Ordnung: Nagetiere
Aussehen:
- schlanker Körper mit sehr zartem und dichtem Fell
- Fellfärbung: grau, schwarz oder weiß
- buschiger, langer Schwanz
- große längliche Ohren
- kurze Vorderbeine
- lange, kräftige Sprungbeine (Hinterbeine)

Herkunft: aus Südamerika (Bolivien, Peru, Chile)
Lebensweise:
- nachtaktiv
- schläft in Höhen
- lebt in Gruppen
- wälzt sich zur Fellpflege in Sand
- wetzt seine Zähne an Stöcken von Obstbäumen ab

Besondere Fähigkeiten:
- kann bis zu 1 Meter aus dem Stand springen
- kann sehr schnell rennen
- kann sich aufrichten und Futter mit den Vorderpfoten festhalten

Lebenserwartung: bis zu 20 Jahre
Anzahl der Jungen: 1 bis 6
Futter:
- Heu
- getrocknete Kräuter und Gemüse
- Haferflocken
- Pellets

Das Nutztier Rind

Das Jungtier:
Kalb

Das weibliche Rind:
Kuh

Das männliche Rind:
Stier

Rinder sind stark. Sie können Pflüge und Karren ziehen.

So machst du Butter selbst:

Gib etwas Schlagsahne in ein Schraubglas und verschließe es gut.
Schüttele das Glas, ...

Schottisches Hochlandrind

Indisches Zebu

Ungarisches Steppenrind

Aus der Milch der Kühe kann man Vieles herstellen.

Aus der Haut der Rinder wird Leder gemacht.

Das Fleisch der Rinder ist nahrhaft.

Welche Nutztiere kennst du noch?
Welchen Nutzen haben sie für den Menschen?

4

... so lange, bis sich darin ein gelber, fester Klumpen bildet.

5

6

Jetzt ist die Butter fertig.

Luft ist (fast) überall

Wo habt ihr mit Luft zu tun?

Was hat das mit Luft zu tun?

So führe ich einen Versuch durch

Lena und Elisabeth wollen herausfinden, ob Luft ein Gewicht hat.
Sie wählen einen passenden Versuch aus.

Zuerst sehen sie sich an, wie der Versuch funktioniert.

Versuchskarte
Ist ein Luftballon mit Luft schwerer als ein Luftballon ohne Luft?

1 Fülle das Versuchsprotokoll bis ‚Ich vermute:' aus.

2

3

4

5 Schreibe das Versuchsprotokoll fertig.

Dann schreiben sie ihre Vermutung in das Versuchsprotokoll.

Nun führen Lena und Elisabeth den Versuch durch. Ihr Ergebnis schreiben sie auf.

Lena und Elisabeth überlegen sich eine Erklärung und tragen sie in das Versuchsprotokoll ein.

Versuchsprotokoll

von: Lena

Ich möchte herausfinden oder beweisen:

Ist ein Luftballon mit Luft schwerer als ein Luftballon ohne Luft?

Ich vermute:

Ein Luftballon ohne Luft ist schwerer.

Mein Versuch sieht so aus:

Mein Ergebnis:

Der Luftballon mit Luft ist schwerer.

Meine Erklärung:

Luft hat Gewicht.

Versuche und Experimente helfen, etwas herauszufinden. Dazu müssen sie genau vorbereitet und durchgeführt werden.

Versuche mit Luft

Was passiert mit dem Papier unter Wasser?

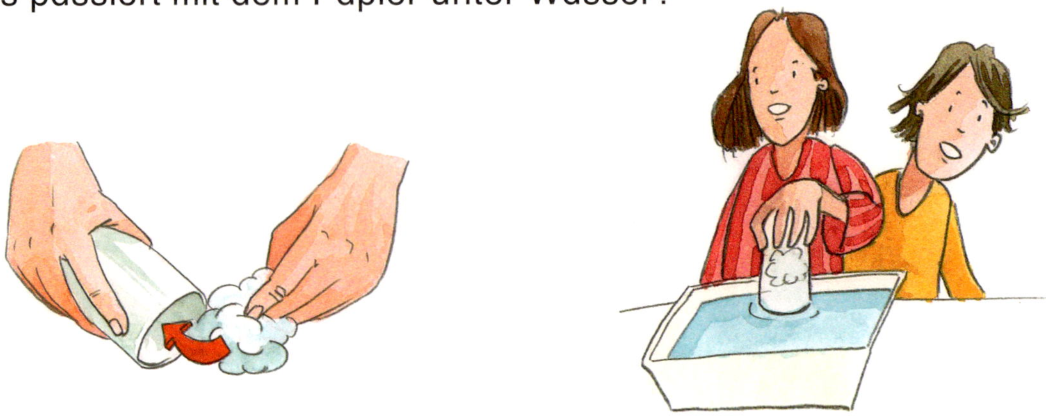

Was passiert mit dem Wasser?

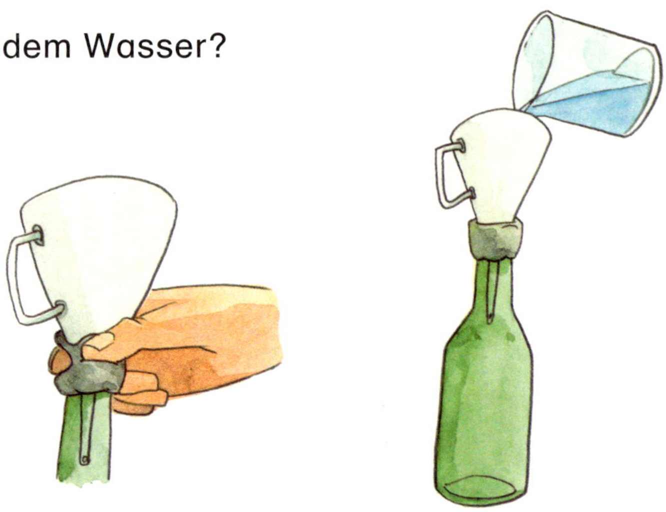

Was passiert mit dem Luftballon?

Was passiert mit dem Luftballon?

Was passiert beim Laufen?

Was passiert mit dem Flügel?

Wasser ist ...

wie ein Spiegel

klar

zum Baden

Regen

blau

nass

?

warm

Schnee

kalt

ein Lebensraum

kostbar

zum Trinken

schön

durchsichtig

zum Waschen

Eis

Hagel

gefährlich

wie eine Straße

schmutzig

Kraft

Schwimmen und Sinken

Wasser hat viel Kraft.
Beim Schwimmen und Baden
kannst du spüren, wie das Wasser trägt.

Drücke einen Ball oder
ein Stück Styropor unter Wasser.
Was spürst du?

Tauche einen Stein oder
eine volle Wasserflasche
an einem Gummi in Wasser.
Was siehst du, was spürst du?

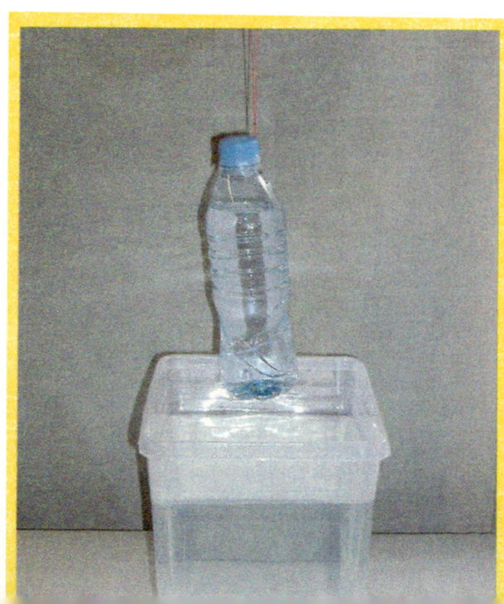

Diese Kraft des Wassers heißt Auftrieb.

Manche Materialien schwimmen immer, andere nicht.

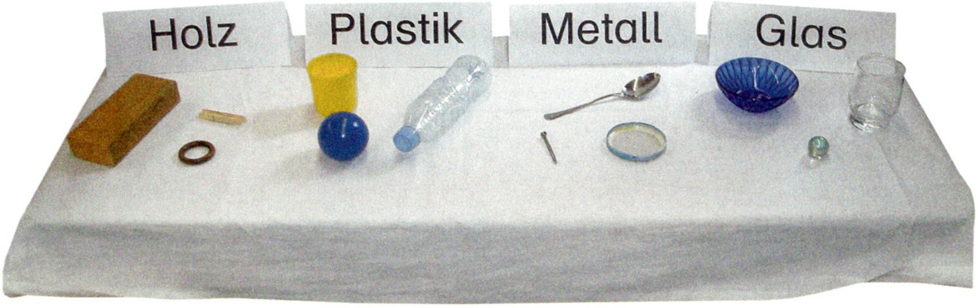

Untersuche:

Gegenstand	Material	Ich vermute		Ich beobachte	
		schwimmt	sinkt	schwimmt	sinkt
Münze	Metall				
Korken	Kork				
Radiergummi					

In einer bestimmten Form werden Materialien, die nicht immer schwimmen, vom Wasser getragen.

Schreibe das Material auf und zeichne die Form dazu, in der es schwimmt.

Material	Schwimmt in dieser Form
Metall	

Findest du heraus, wie dieser Trick mit den Luftballons funktioniert?

Abenteuer auf dem Wasser

Text und Musik: Dirk Menzel

2 Leinen los und Segel hissen,
alle helfen mit,
Wasser hol'n und das Deck schrubben,
ja, das hält uns fit.

3 Plötzlich kommt ein Sturm auf,
unser Boot schwankt hin und her.
Schnell, holt alle Segel ein,
sonst kentern wir im Meer.

4 Ohne Wind müssen wir rudern,
und alle zugleich.
Wir sind Abenteurer auf dem
Fluss, dem Meer, dem Teich.

Du kannst dir ein tolles Schiff bauen. Was brauchst du?

Holz

Plastikflaschen

Bambusstäbe

Unser Wassergebrauch

Wofür gebrauchst du Wasser an einem Tag?

Wo kann Wasser gespart werden?

Mischen – Lösen – Trennen

Lösen sich diese Stoffe im Wasser?
Vermute und versuche. Was passiert?

Seife

Öl

Zucker

Salz

Wasserfarben

Sand

Es gibt verschiedene Möglichkeiten,
Stoffe wieder vom Wasser zu trennen.
Vermute und versuche. Was passiert?

filtrieren

absetzen lassen

verdunsten

abschöpfen

verdampfen

Lassen sich diese Stoffe vom Wasser trennen?

Stoff	Ich vermute	Ich beobachte	Wie?
Seife			
Zucker			
Wasserfarben			

Die Schrift – eine gute Erfindung

Die erste Schrift waren Bilder in Höhlen.
Auch heute noch werden Bilder für einfache Informationen genutzt.

Kennst du noch mehr Bildzeichen?

Aus Bildern wurden langsam Schriftzeichen.

Vogel:

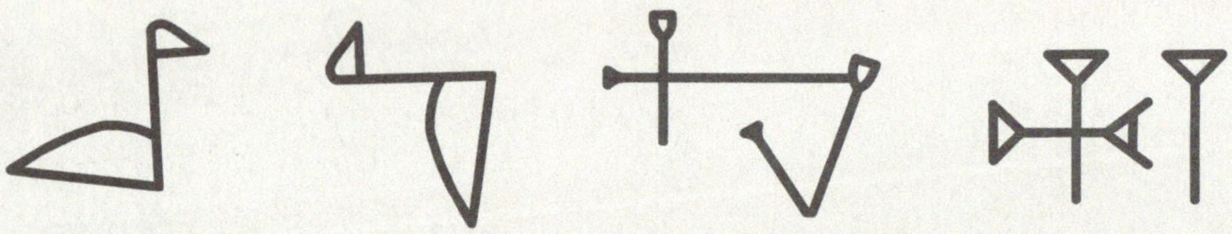

In solchen Schriften muss man sich für jedes Wort ein eigenes Zeichen merken.

Irgendwann hatten Menschen deshalb diese Idee:
Wir schreiben Zeichen für Laute. Das sind unsere Buchstaben. Daraus werden Wörter gebaut.

Das ist unser Alphabet:

A B C D E F G H I J K L M N O P Q R S T U V W X Y Z
a b c d e f g h i j k l m n o p q r s t u v w x y z

Kennst du noch andere Schriften?

Schrift

Schrift

SCHRIFT

Schrift

Schrift

Schrift

Schrift

Die Schrift hilft uns, wichtige Informationen nicht zu vergessen.

Mithilfe der Schrift können wir etwas über weite Entfernungen mitteilen.

Die Schrift kann eine Botschaft verschönern oder selber ein Kunstwerk sein.

Mit Schrift können wir Geschichten aufschreiben und lesen.

Wo begegnet dir Schrift noch?

Werkzeuge zum Schreiben und Malen

Die Höhlenmenschen malten ihre Bilder aus farbigem Sand mit den Fingern und einfachen Pinseln.
Das waren die ersten Wasserfarben.

Die Römer färbten Bienenwachs und erfanden so eine Art Wachsmalkreide.

Seit ungefähr 2600 Jahren schreibt man mit Vogelfedern und Tinte.

Die ersten Bleistifte wurden vor 400 Jahren hergestellt.
Bald konnte man auch Buntstifte herstellen.

Der Füller mit Tintentank wurde 1884 erfunden.

Filzstifte gibt es erst seit ungefähr 40 Jahren.

Welche Schreib- und Malwerkzeuge wurden hier benutzt?

Gestaltet das gleiche Bild mit verschiedenen Schreib- und Malwerkzeugen.

Welche Werkzeuge eignen sich für welchen Zweck am besten?

Bücher schreiben – Bücher drucken

Es gibt viele verschiedene Arten von Büchern:
Bilderbücher, Sachbücher, Erzählungen, Schulbücher, …

Renate Welsh

Bücher wie „Das Vamperl“ von Renate Welsh werden geschrieben und dann nicht nur einmal, sondern viele Male gedruckt.

Aus Texten und Bildern werden am Computer Seiten für das Buch gesetzt.

Große Maschinen drucken und binden die Bücher dann.

Bis vor ungefähr 500 Jahren
wurde jedes Buch einzeln
mit der Hand geschrieben und
abgeschrieben.

Johannes Gutenberg erfand
eine Maschine, mit der man Bücher
schnell und oft drucken konnte.
Als erstes Buch druckte er 1455 eine Bibel.

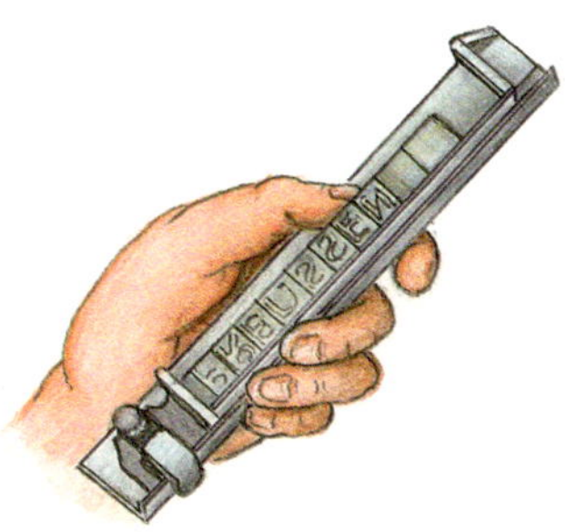

Jeder einzelne
Buchstabe wurde
gesetzt.

Aus Zeilen
wurden Seiten.

Mit der Druckerpresse
wurden einzelne Blätter
bedruckt.

Geschichten schreiben – Geschichten drucken

Die Ute und Uta

Ute und Uta wollen miteinander spielen und zusammen singen.

Mein Beet

In unserem Garten ist mein Beet. In meinem Beet wachsen große Sonnenblumen und schöne Tulpen. Das Unkraut habe ich gerupft. Einen Salat und eine Tomatenpflanze pflanze ich auch. Hoffentlich fressen die Schnecken nichts weg.

Die Kuh

Ein Mann kommt in den Kuhstall und fragt: „Kann man eine Kuh kaufen?“ „Ja“, sagt der Bauer, kettet die Kuh ab und bindet sie an die Autotür. Der Mann fährt los. „Ach, sie können doch noch schneller fahren“, sagt die Kuh. Der Mann fährt 100 km/h. Da wackelt die Kuh mit dem rechten Ohr, weil sie überholen will.

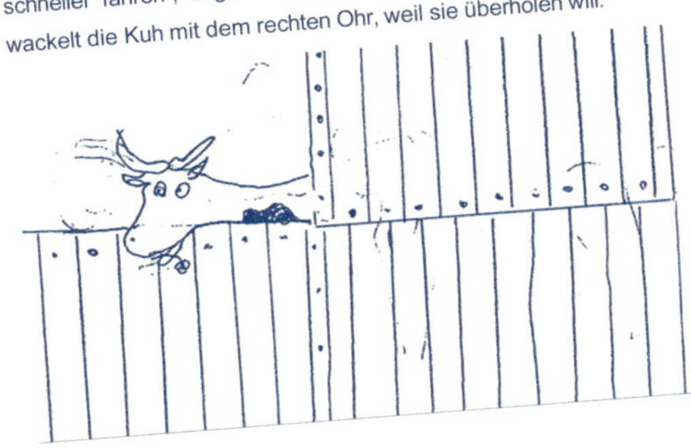

Eine Duftspur hat den
Dackel zu einer
Katze geführt.
Aber dort,wohin sie
geflüchtet ist,kommt er
nicht hinauf!

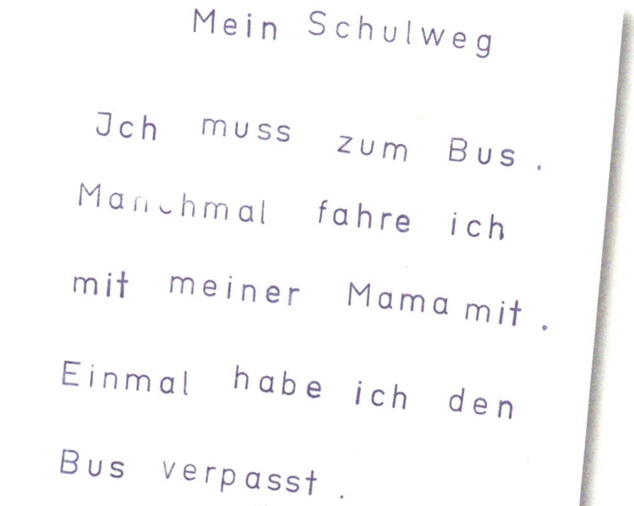
Mein Schulweg

Jch muss zum Bus .
Manchmal fahre ich
mit meiner Mama mit .
Einmal habe ich den
Bus verpasst .

Warum ist es viel leichter,
eine Geschichte mit einem Computer
zu schreiben und zu drucken?

Stellt aus euren Geschichten
ein eigenes Buch her.

Der Computer

Der Computerarbeitsplatz
Rechner, Bildschirm, Tastatur, Maus, Drucker, Lautsprecher, ...

Welche Aufgaben haben die einzelnen Teile?
Kennst du noch mehr Zubehör für einen Computer?

Wie arbeiten Niko und Nina mit dem Computer?

drucken

speichern

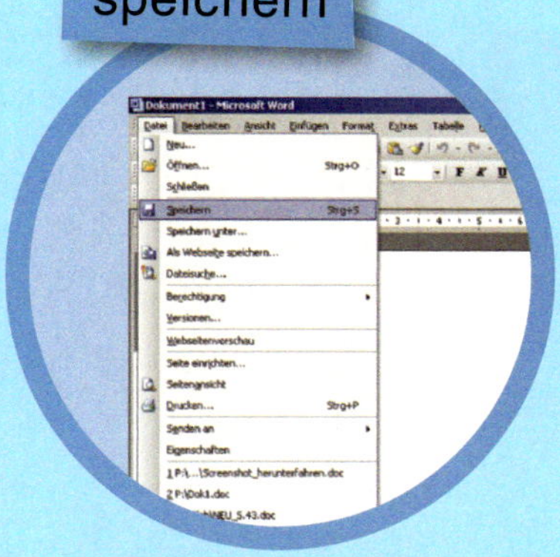

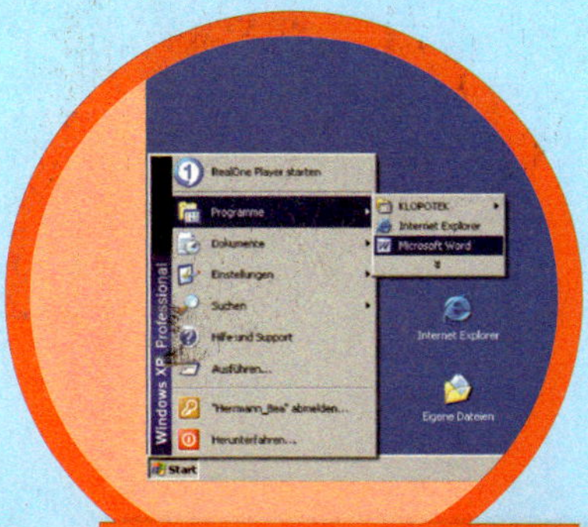

Programm öffnen

herunterfahren

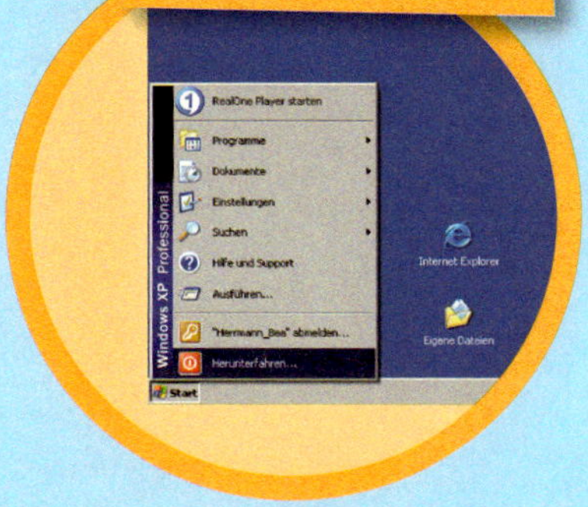

einschalten

Register

Quellenverzeichnis

S.11 Klaus W. Hoffmann/Rudolf Mika, Das Lied von den Gefühlen. Aus: Klaus W. Hoffmann/Rudolf Mika, Wie kommt die Maus in die Posaune? © Aktive Musik Verlagsgesellschaft mbH, Dortmund; **S.32** Lore Kleikamp/Anke und Detlev Jöcker, Midel Madel Musche! Aus: Detlev Jöcker, Denkt euch nur, der Frosch war krank. Menschenkinder: Münster 1991; **S.41** Mona Dechant, Meine Sinne. Aus: Bergedorfer Grundschulpraxis: Sachunterricht 1./2. Klasse, Natur und Leben. Persen 2004; **S.64** Heinz Lau, Singt ein Vogel. Aus: Fritz Jöde, Die Singstunden. © Möseler Verlag, Wolfenbüttel; **S.66** Erich Colberg/Hans Poser, Guten Morgen, liebe Sonne. Aus: Heinz Lemmermann, Die Zugabe, Bd. 1. Fidula Verlag: Boppard/Rhein; **S.76** Bruder Jakob. Überliefert; **S.86** Ulrike Meyerholz/Bernd Meyerholz, Regenlied. Aus: Wolfgang Hering/Bernd Meyerholz, Kinderlieder zum Einsteigen und Abfahren. Voggenreiter Verlag: Bonn-Bad Godesberg o.J.; **S.104** Edith Thabet/Franz Moser, Was ist auf der Wiese los? Aus: Lieder für den Sachunterricht. Veritas: Linz 2001; **S.111** Hans-Reinhard Franzke, Der Herbst, der Herbst, der Herbst ist da. Aus: Fidula-CD 4414 „Kindertänze". Polonaisen – Tiertänze – Kindertänze. Fidula-Verlag: Boppard/Rhein; **S.134** Dirk Menzel, Abenteuer auf dem Wasser

Bildquellenverzeichnis

S.4 1-5. Carola Schäffner, Heidelberg; 6. Daniela Birnböck; 7. Korbinian Birnböck; 8. Johann Jilka; **S.5** 1- 4. Carola Schäffner, Heidelberg; 5. Steffi Portenhauser, München; 6. Johann Jilka; 7. Magdalena Birnböck; **S.8** 1. Istockphoto/Liudmilla Breuscova; 2. Istockphoto/Quavondo Nguyen; 3. Istockphoto/Rhoberazzi; 4. Istockphoto/Juan Manino; 5. F1 Online/Johner; **S.9** 1. Istockphoto/Justin Paget; 2. Plainpicture/Steul, N.; 3. Plainpicture/Johner; 4. Alessandra Ferratusco, Frankfurt/Main; **S.10** 1. Istockphoto/Judy Barranco; 2. Laura Leuschen, Wuppertal; 3. Istockphoto/Leigh Schindler; 4. Kirsten Jegodtka; 5. Istockphoto/Jacek Chabrazewski; **S.11** 1. Istockphoto/Jamie Duplass; 2. Alessandra Ferratusco, Frankfurt/Main; 3. Johann Jilka; **S.16** 1. ullstein bild/KPA; 2. mauritius images/Eli; 3. Arturimages/Christian Richters; 4. Schulmuseum Hamburg; 5. Corbis/Atlantide Phototravel; 6. Archiv Odenwaldschule; **S.17** 1+3. picture alliance/ZB/Waldtraud Grubitzsch; 2.Hundertwasser Archiv, Wien; **S.8** Carola Schäffner, Heidelberg; **S.19** Carola Schäffner, Heidelberg; **S.20** 1. Daniela Birnböck; 2-4. Herbert Herrmann; **S.21** 1. Peter Wirtz; 2. Imago/Thomas Frey; 3. F1 Online/Paul; 4. Photothek.net/U. Grabowsky; 5+6. vcd, Esslingen; **S.22** 1-6 +9: Johann Jilka; 7: Heiko Jegodtka; 8: Jörg Sarbach, Bremen; **S.23** Johann Jilka; **S.38** 1-3. Bilderbox; 4. Peter Arnold/Ed Reschke; 5.fotolia/Myazowa; 6. mauritius images/Cosmo; **S.39** interfoto/ Science & Society Library; **S.40** Look-Foto/Sabine Dürichen; **S.43** Johann Jilka; **S.44** 1. mauritius images/Teubner; 2. fotolia/outdoorPhoto; 3+8. Bilderbox; 4. fotolia/Schwab; 5. fotolia/Anne Katrin-Frigge; 6. Stockfood/Newel, Karl; 7. Stockfood/Maximilian Stock; 9. Imago/Lem; 10. Heiko Jegodtka; 11. Imago/imagebroker/waldhäusl; 12. Okapia/J.-H. & M.-L. Hubert; **S.47** 1. Plainpicture/Schulz K.; 2. blickwinkel/Mc Photo; 3. picture alliance/dpa/dpa-Report/Wolfgang Kumm; **S.50** 1. akg-images; 2. akg-images/Erich Lessing; **S.51** oben: Johann Jilka; unten: Almut Jegodtka; **S.52** 1. Ingo Wandmacher; 2. Stockfood/urban/urban; 3. fotolia/Thorsten Schon; 4. Stockfood/Wolfgang Schardt; 5. Fotoagentur Frank Boxler; 6. fotolia/Fedlog; 7. Stockfood/Paul Williams; 8. fotolia/Magdalena Kucova; 9. Westend61/Creativstudio Heinemann; 10. Almut Jegodtka; 11+19. Margarete Schmid/Berhard Ordner, Schwäbisch-Gmünd; 12+13+18 Bilderbox; 14. fotolia/Hannes Strasser; 15. picture alliance/ Stockfood/Foodfotografie Eising; 16. fotolia/Ex Quisine; 17. Stockfood/Eising 20. Stockfood/Martina Urban; **S.54** oben: 1.Stockfood/Th. Foto; 2. Ingo Wandmacher; 3. Stockfood/Feig-Feig; 4. F1 Online/Johner; 5. Stockfood/Joy Skipper/Food Styling; 6. mauritius images/ Photolibrary; 7. ullstein/Caro/Sorge; 8. Imago/Redeleit; 9. Imago/Geisser; unten: Lina Leuschen, Wuppertal; **S.55** Johann Jilka; **S.56** Alessandra Ferratusco, Frankfurt/Main; **S.57** akg-images/Salvador Dali/Fundacio Gala/ Salvador Dali/VG Bild-Kunst, Bonn 2008; **S.64** 1. KNA-Bild; 2. Bilderbox; 3. mauritius images; 4. picture alliance/dpa-Bildarchiv; **S.65** 1. ullstein bild/Meißner; 2. Caro/Klemmer; 3. Bilderbox; 4. MEV Verlag; 5. picture alliance/dpa; 6. altrofoto; 7. KNA-Bild; **S.70** 1. A..Roth/picbyte; 2. Bilderbox; **S.71** Peter Wirtz; **S.72** 1. Das Fotoarchiv/Markus Metzel; 2. fotolia/Dangoy; 3. akg-images/John Hios; 4.fotolia/Spektral-Design 5. interfoto/Science & Society Library; **S.74** 1+2 Johann Jilka; 3. Almut Jegodtka; **S.75** 1. plainpicture/Normal; 2. Color Box/Stockfood; 3. Johann Jilka; 4. Schapowalow Brand X; **S.76** 1. A1 Pix/JPP; 2. Stefanie Sudek; 3. fotolia/Karen Struthers; 4. Schapowalow/Robert Harding; **S.77** 1. Andreas Rademacher; 2. Istockphoto/Serdar Yagci; 3. Istockphoto/Timothy Large; 4. Istockphoto/DNY59; **S.78** 1+5. Melanie Beutel; 2+6. Gabriele Bayerle; 3. Magdalena Birnböck; 4. Ralf Brocker, Krefeld; **S.79:** 1. Ralf Brocker, Krefeld; 2. Lina Leuschen; 3+9. Steffi Portenhauser; 4. Heiko Jegodtka; 5+8. MEV Verlag; 6. Gabriele Bayerle; 7+10. Daniela Birnböck; **S.80:** 1+5+11. Steffi Portenhauser; 3+4+8+9. Almut Jegodtka; 6. Saba Laudanna; 7. fotolia/Andrzej Tokarski; 10. Johann Jilka; 12. fotolia/Warren Miller; **S.81** 1. mauritius images; 2+4+11. TV-Yesterday/Wolfgang Maria Weber; 3+9. picture alliance/dpa-Bildarchiv; 5. Imago/imagebroker; 6. Imago/Stefan Hassler; 7. Imago/McPhoto/Pilsak; 8. ullstein bild/Joko; 10. ullstein bild/imagebroker; **S.88** Hintergrund. vario images; 1. argus/Mike Schröder; 2. mauritius images/Photo Researcher; 3. F1 Online/allover/Andreas Baier; **S.89** Hintergrund. vario images; 1. Bilderbox; 2. Fire Foto/Thomas Gaulke; 3. mauritius images/Florian Breier; **S.94** Johann Jilka; **S.95** aus: „Schul - und Jugendzeitschrift, Flohkiste" (2.Kl.) 14/1999; **S.96** 1. fotolia/Marek Kosmal; 2. Imago/biky; 3. Imago/Karen Oates; 4.Imago/imagebroker; 5. fotolia/Syb; 6. fotolia/Ivan Gusev; 7. Jochen Tack; **S.97** akg-images; **S.98** Johann Jilka; **S.99** 1. blickwinkel/McPhoto; 2. Juniors Bildarchiv; 3. fotolia/Nadja Jacke; 4. fotolia/Elena Solodovnikova; 5. fotolia/Furan; 6. fotolia/Makuba; 7. fotolia/Tallis; 8. Arco Images; **S.105** 1. JAKO-O Kindersachen mit Köpfchen! 96475 Bad Rodach; 2. fotolia/Franz Pflügel; 3. fotolia/Brzostowska; 4+5. Bettina Ferratusco, Frankfurt/Main; **S.106** 1. Kosmos Verlag; 2+3+4+6. Kirsten Jegodtka; 5. Bettina Ferratusco, Frankfurt/Main; **S.108** 1. Arco Images/Hütter C.; 2. Naturbildportal/Manfred Ruckzia; 3. Lavendelfoto/Gerhard Höfer; 4. blickwinkel/H. J. Igelmund; 5. F1 Online/Tips Images; 6. Visum/Buchcover.com/Reiner Ketrowski; **S.109** Johann Jilka; **S.114:** 1. Premium/Christof Wermter; 2. Getty/Chritopher Furlog; 3. Wildlife/M. Vareszuo; 4. Getty; 5. mauritius images / Harald Lange; 6. Arco Images/ Meul J.; 7. Okapia/Hans Dieter Brandl; **S.115** 1. mauritius images/imagebroker/Justus De Cuveland; 2. fotolia/Rebel 3.Arco Images/Wothe K.; **S.116** 1. fotolia/fotor; 2. blickwinkel/H. Schmidbauer; 3+10+12.Arco Images/ NPL; 4. fotolia/enens; 5.Arco Images/P. Wagner; 6. mauritius image/age; 7. fotolia/Selora; 8. MEV Verlag; 9.Istockphoto/Sergey Laurentev 11.Arco Images/Steimer C.; 13. blickwinkel/H. Schmidbauer; **S.117** 1. fotolia/photazz; 2. ecopix; 3.MEF; 4+6. blickwinkel/A. Hartl; 5. fotolia/Dave Massey; **S.118/119** Bettina Ferratusco, Frankfurt/Main; **S.120** 1.Korbinian Birnböck; 2+4. blickwinkel/H. Schidbauer; 3.Juniors Tierbildarchiv: **S.121** 1. Arco Images/NPL; 2.blickwinkel/H. Schmidbauer; 3. Juniors Tierbildarchiv; **S.122** 1. agrarportal.com/Ziehaus; 2. fotolia; 3. MEV Verlag; 4. Getty Images/Hulton Archive; 5. Carola Schäffner, Heidelberg; 6+7+8. Bettina Ferratusco, Frankfurt/Main; **S.123** 1. fotolia/GYNEX; 2. Arco Images/TUNS; 3. blickwinkel/L. Lenz; 4. Arco Images/Bernhard A.; 5. foodcentrale/foodfolio; 6. fotolia/Seen; 7.fotolia/D. Fabri; 8. Bugatti/Herrenausstattung; 9. Heiko Jegodtka; 10. fotolia/Lucky Dragon; 11+12+13. Bettina Ferratusco, Frankfurt/Main; **S.124** 1. Laura Leuschen, Wuppertal; 2. Imago/K. P. Wolf; 3. Alimdi.net/Fred Procksch; 4. mauritius images/Photolibrary; 5. fotolia/KeeT; 6. fotolia/Monika Adamcyk; 7. Vario Images; 8. Helga Lade/Ute Mauer; 9. Lina Leuschen, Wuppertal; 10. mauritius images; **S.126** Dirk Menzel, Schwabmünchen; **S.130** 1. Stockfood Studio R. Schmitz; 2. fotolia/Peter Schinck; 3+4. picture alliance/dpa; 5. www.blumebild.com/Blume; 6. Corbis/Ariel Skelley; 7. Jose Giribas; **S.131** 1. MEV Verlag; 2. fotolia/bierchen; 3. Bridgeman Art Library; 4. fotolia; 5. fotolia/Matthias Krüttgen; 6. fotolia/Glen Jones; 7. Corbis/Jim Reed; 8+9. Bildagentur Geduldig; **S.132** 1.Zefa; 2. Heiko Jegodtka; 3+4. Dirk Menzel, Schwabmünchen; **S.133** Dirk Menzel, Schwabmünchen; **S.134** 1. Bilderbox; 2.MEV Verlag; 3.Food Centrale/foodfolio; 4.fotolia/Oxymoron; 5. Olaf Heil; 6. fotolia/momamua; **S.135** 1. IPN/Gary Felton; 2. MEV Verlag; 3. Alimdi.net/Müller Thomas; 4. fotolia/demarco; 5. fotolia/Kmit; 6. allOver; **S.138** Perter Wirtz; **S.140** 1. Imago/imagebroker/strigl; 2. fotolia/djdarkflower; 3. Deutsche Post; **S.141** fotolia/dron; **S.142** 1. Corbis/Karzuyoshi Nomachi; 2. fotolia/milosluz; 3. fotolia/Kim Letkeman; 4.fotolia/Wayawolf; 5. fotolia/earthedit; 6. fotolia/Kaiya_Rose; **S.144** 1. Doris Poklekowski; 2. dtv-Verlag; 3. Melanie Beutel; go-digitalpro/Peter Gottschalk; **S.145** 1.Deutsches Museum, München; 2. akg-images/Erich Lessing; **S.146/147** Dirk Menzel, Schwabmünchen; **S.148/149** Johann Jilka

VG Bild: **S.57** akg-images/Salvador Dali/Fundacio Gala/ Salvador Dali/VG Bild-Kunst, Bonn 2008;

Trotz entsprechender Bemühungen ist es nicht in allen Fällen gelungen, den Rechteinhaber ausfindig zu machen. Gegen Nachweis der Rechte zahlt der Verlag für die Abdruckerlaubnis die gesetzlich geschuldete Vergütung.